TEKOÁ

KAKÁ WERÁ
TEKOÁ

UMA ARTE MILENAR INDÍGENA PARA O BEM-VIVER

2ª edição

Rio de Janeiro | 2025

DESIGN E ILUSTRAÇÃO
DE CAPA
Mauricio Negro

PROJETO GRÁFICO E
DIAGRAMAÇÃO
Abreu's System

CIP-BRASIL. CATALOGAÇÃO NA PUBLICAÇÃO
SINDICATO NACIONAL DOS EDITORES DE LIVROS, RJ

W516t

Werá, Kaká
Tekoá : uma arte milenar indígena para o bem-viver / Kaka Werá. - 2. ed. - Rio de Janeiro : BestSeller, 2025.

ISBN 978-65-5712-423-9

1. Índios Guarani - Arte e filosofia. 2. Cultura indígena. 3. Autorrealização. 4. Autopercepção. I. Título.

24-92671 CDD: 305.8
CDU: 316.7(=87)(81)

Gabriela Faray Ferreira Lopes – Bibliotecária – CRB-7/6643

Texto revisado segundo o novo Acordo Ortográfico da Língua Portuguesa.

Copyright © 2024 by Kaká Werá
Copyright da edição © 2024 by Editora Best Seller Ltda.

Todos os direitos reservados. Proibida a reprodução,
no todo ou em parte, sem autorização prévia por escrito da editora,
sejam quais forem os meios empregados.

Direitos exclusivos de publicação em língua portuguesa para o mundo
adquiridos pela
Editora Best Seller Ltda.
Rua Argentina, 171, parte, São Cristóvão
Rio de Janeiro, RJ – 20921-380
que se reserva a propriedade literária desta edição.

Impresso no Brasil

ISBN 978-65-5712-423-9

Seja um leitor preferencial Record.
Cadastre-se e receba informações sobre nossos lançamentos
e nossas promoções.

Atendimento e venda direta ao leitor:
sac@record.com.br

SUMÁRIO

Prefácio 7

Introdução — As camadas e dimensões do bem-viver 13

Capítulo 1 — O mundo imperfeito 17

Capítulo 2 — Outros mundos habitam este mundo 25

Capítulo 3 — Somos música caída do céu 37

Capítulo 4 — O nome que vem da terra nos ergue do chão 49

Capítulo 5 — O poder sagrado dos ritos 61

Capítulo 6 — Anham: o "eu" contrário
que cria obstáculos   71

Capítulo 7 — As feridas ancestrais   77

Capítulo 8 — O caminho do coração   93

Capítulo 9 — Histórias para bem-pensar,
bem-sentir e bem-fazer   99

Capítulo 10 — Tekoá-porã: o triplo lugar
que habitamos   113

Capítulo 11 — A Terra sem Males   119

Capítulo 12 — Como viver o bem-viver   127

Apêndice — As práticas do nanduti e
o sistema amana   143

Leitura complementar —
A carta do Grande Chefe Seattle   161

Referências bibliográficas   171

PREFÁCIO

Somos a vida da Terra.

Estamos todos interligados.

Intersomos.

Despertar a mente para a sabedoria e a compaixão é penetrar no nosso mais íntimo e sagrado espaço — interno e externo.

Tanto a aprender das culturas milenares dos povos originários.

De certa forma, todos somos descendentes dos povos originários — misturados, miscigenados com invasores —, que também eram descendentes dos primeiros humanos, filhos e filhas da Mãe Terra.

É preciso pisar de leve, ouvir e reconhecer os sons, internos e externos, estar presente e ser humilde. Reaprender a interser, a ouvir os ventos e as águas. Ver as montanhas se movendo e dando à luz pequenas novas montanhas.

Tudo está vivo e pulsando. Nada fixo, nada permanente. Vida em ebulição — pó de estrelas e cometas.

DNAs tão antigos quanto a vida da Terra. Somos nós. Reciclando matéria viva e sendo capazes de reconhecer nossa grande família

Cuidando somos cuidados.

Há alguns anos, estive com Kaká Werá em alguns encontros interreligiosos em São Paulo. Em certa ocasião, fizemos liturgias no Jardim da Aclimação. Um monge que me acompanhava levou um grande tambor japonês chamado taiko e alguns dos sinos do nosso templo-sede para a América do Sul — Templo Busshinji, no bairro da Liberdade.

Eu, oficiando a liturgia, revolvi o livro do Dai Hannya, ensinamento da Grande Sabedoria. Purificação. Que a Sabedoria Perfeita se espalhasse em todas as direções e, percebendo o grande vazio, o nada-tudo, estaríamos todos livres, sem nada para nos apegar ou a sentir aversão.

Enquanto o taiko tocava forte, eu girava o livro em todas as direções. Há um lago, uma concha acústica, árvores, pedras, terra, crianças, idosos, adultos, jovens, pássaros, insetos — tudo vibrava conosco —, as nuvens no céu, o vento, o ar.

Éramos pessoas de diferentes ordens religiosas e espirituais.

Quando terminamos, Kaká Werá se aproximou de mim e sussurrou: "Os caracteres chineses do seu livro saíram e voaram em todas as direções."

Nem todas as pessoas, por mais devotas e religiosas, ou espiritualizadas, são capazes de ver e descrever o que viram como ele fez.

Dizemos que apenas um dragão reconhece outro dragão.

De aparência comum, só quem abriu os olhos da verdade reconhece alguém que também o tenha feito.

Irmanados

Teria sido apenas ele que viu a mágica simples, direta e viva da prece feita de todo coração? Para alguns talvez fosse apenas um ritual como outros tantos.

A sensibilidade de Kaká Werá, apesar de ele ter se misturado com o mundo acadêmico, mantém-se pura.

Este livro é um retrato dessa pureza, é uma joia preciosa.

Comovente.

Aprecie com delicadeza e respeito.

Sem pressa, mas com urgência — leia-o e incorpore-o em sua vida.

Mãe Terra, Irmã Lua e Pai Sol.

Uma grande família — na qual todos nos mantemos interligados e dependemos uns dos outros, ou seja, de todas as formas de vida. Somos a trama da vida.

Reconhecer, perceber, banhar-se nas florestas e secar-se nas águas dos rios é nosso dever e direito de nascença.

Somos a vida da Terra.

Podemos sentir seu pulsar no nosso batimento cardíaco.

Podemos nos reconhecer em cada criatura, em cada suspiro, em cada nascer-morrer momentâneo. Devemos respeitar todas as formas de vida que dão vida à nossa própria vida.

Homens e mulheres, lado a lado, devem abrir os canais de percepção, que ficaram anestesiados, adormecidos, a fim de apreciar a jornada sagrada.

Mãe Terra, aceite nossas desculpas pelos descuidos e desrespeitos.

Ensine novamente, a todos nós, o Caminho da Cura e da Paz.

Que os Pajés e as Pajés, que os Caciques e as Caciques possam auxiliar a restaurar a relação que há, e sempre estará viva bem dentro de nós, no mais íntimo, onde nos reconhecemos semelhantes.

A nossa ancestralidade comum.

Quando e onde perdemos o contato com a vida, que é a nossa?

Ainda é possível rever, purificar e reencontrar nosso eu verdadeiro.

Irmanados, restaurados, não seremos mais condenados a sofrer, ferir, massacrar, abusar quando contaminados pelos vírus da ganância, da raiva e da ignorância.

Simplicidade.

Seres livres e responsáveis.

Por favor, leia este livro e se comova como eu. Pise leve sobre a Mãe Terra, não a macule, não fira esse corpo comum nem jogue veneno no nosso ar e nas nossas águas.

Que saibamos fazer o casamento entre o Céu e a Terra.

Que saibamos respeitar o povo de pé e impedir o desmatamento.

Na simplicidade de ser, respire, confie, entregue, aceite e agradeça. Mas não admita, não desculpe, não aceite nenhuma forma de abuso e de discriminações.

Perceba-se misturado com o sal e o sangue que circula na seiva da Terra.

Que todos os seres possam despertar.

Que a paz prevaleça na Mãe Terra.

Que todos possam encontrar o Caminho da harmonia e da paz.

Somos o Todo e o Todo é em cada um de nós.

Aprecie sua vida.

Cuide.

Despertar para a mente sagrada é um acontecimento raro e trabalhoso.

A mente sagrada também é a mais fácil de perder.

Trate-a com cuidado.

Preserve e mantenha seus votos.

Em pureza se conduza.

Plante, cuide, regue as sementes do bem-viver.

Mãos em prece,
Monja Coen

INTRODUÇÃO

As camadas e dimensões do bem-viver

Há um pulsar ancestral que ecoa pelos tempos, um sussurro antigo que nos chama de volta às raízes da existência. Enquanto o mundo moderno tece narrativas de conquista e de "povo da mercadoria" — como diz o pajé Davi Kopenawa —, há um chamado sutil que emerge das entranhas da terra, das vozes dos povos originários que há séculos guardam segredos preciosos sobre o verdadeiro sentido de viver em harmonia. Esse é o convite para explorarmos juntos as camadas e dimensões do bem--viver, uma jornada que nos conduzirá pelos labirintos da sabedoria milenar das Américas.

Em todas as Américas, as vozes dos povos originários ressoam, ecoando além das montanhas dos Andes, das florestas amazônicas, dos desertos do cerrado até as praias do litoral. No Canadá, nos Estados Unidos, no Brasil, as sementes do bem-viver encontram solo fértil, germinando em movimentos de justiça ambiental, reconhecimento dos direitos indígenas e uma nova consciência ecológica que permeia as mentes e os corações daqueles que buscam uma conexão mais profunda com a terra que os sustenta.

A sabedoria que até então ficava resguardada nos ritos, nos cantos dos pajés, na religiosidade secreta dos últimos iniciados, encontrou uma brecha na dimensão social e política pelas frestas do continente.

Somos todos parte de um grande círculo, entrelaçados pela teia invisível da vida. A respiração que nos anima é a mesma que agita as folhas das árvores, a mesma que faz as ondas dançarem no oceano. Nosso destino está entrelaçado, nossos caminhos são como os galhos de uma árvore ancestral. Esse é o convite para nos reconectarmos com nossas origens, para mergulharmos nas águas profundas da sabedoria dos povos originários, com o objetivo de descobrirmos juntos o verdadeiro significado de viver em harmonia com toda a criação.

Somos ligados pelos fios invisíveis da respiração, da presença das águas em nossas células, dos minerais em nosso corpo, da luz que vivifica a nossa inteligência como um Sol. Somos vivos porque o lugar que habitamos é vivo. A natureza espelha nossa alma, e vice-versa. Os ciclos da natureza são também os ciclos da passagem de nossa vida.

O conceito central desta obra vem da expressão "tekoá-porã", que significa "bem-viver" na visão de mundo guarani. Esse bem-viver é alcançado pelo reconhecimento de nossa essência ancestral, que transcende nossa existência material e se desdobra no tempo e no espaço como experiência de vida, manifestando-se na maneira como nos conectamos com o lugar que habitamos.

O "tekoá" nos convida a viver em harmonia com nós mesmos, com a natureza e com a comunidade de seres (incluindo os humanos), respeitando nossas raízes e os ensinamentos de nossos antepassados. Este livro busca apresentar uma filosofia milenar para o presente, oferecendo insights sobre como podemos cultivar um viver pleno, integrando a sabedoria dos povos originários aos desafios contemporâneos.

Neste momento, em que a crise climática é reconhecida como um desequilíbrio causado pela cultura humana, as populações indígenas da América do Sul pressionam para que seus valores sejam reconsiderados e respeitados. É imperioso que a humanidade olhe para dentro de si e promova mudanças internas para transformar comportamentos destrutivos, tendo o bem-viver como inspiração para um novo paradigma. Este livro oferece não apenas uma reflexão filosófica, mas também exemplos práticos de como o bem-viver pode ser incorporado no dia a dia, mostrando que a sabedoria ancestral pode oferecer soluções valiosas para os desafios atuais. Prepare-se para embarcar em uma jornada através da memória, da história, das práticas culturais e das conexões com as culturas ancestrais de diversos povos, e descubra que a ancestralidade não é apenas um relicário do passado, mas uma força viva capaz de orientar e enriquecer nossas vidas hoje.

CAPÍTULO 1

O mundo imperfeito

Tijary Warejú era uma mulher forte. Sua coluna ereta demonstrava a retidão arraigada no corpo, sentada sobre o banco de madeira no qual descansava. Era uma altivez que contrastava com o século marcado em seu rosto com suaves sulcos irradiados de sua pele morena.

Quando perguntei sobre o "tekoá-porã" e ela me respondeu dando uma baforada no cachimbo e esperando a fumaça viajar para o infinito para depois trazer a sua fala, logo imaginei: "Esse assunto é antigo e longo."

Imediatamente, meus pensamentos, como nuvens tênues, percorreram aldeias milenares entranhadas desde montanhas andinas, florestas amazônicas, chacos, matas atlânticas e até restingas do litoral sul-americano; imagens que foram surgindo enquanto o silêncio povoava a fumaça gestada do sopro da avó, fazendo quase uma interminável reticência.

Eu queria saber além da palavra, pois uma tradução literal do termo "tekoá" não era o suficiente. É um termo que tem várias camadas em seu sentido, a depender do contexto. Sua tradução corrente como "lugar" é um conceito por vezes percebido de modo áspero, pois falha em capturar a profundidade exalada pela essência desse substantivo quando dito na língua tupi-guarani.

Quando "tekoá" se entrelaça com a palavra "porã", cujo significado depende de sua dança a partir daquilo que se enuncia — pode ser traduzida como "beleza" ou "sagrado" —, juntas, "tekoá-porã" ressoa uma filosofia ancestral que encapsula a arte do bem-viver. Uma sabedoria que decorre de trilhas milenares de mais de três mil anos de percurso civilizatório que ligaram o Atlântico ao Pacífico, o leste ao oeste do vasto continente que seria chamado de América pelos futuros invasores, deixando como registro a rota do Peabiru, uma imensa via mítica ancestral que forma uma coluna geográfica ligando o extremo dos Andes até a Mata Atlântica, no atual Sul do Brasil, onde a partir dela se estenderam inúmeros caminhos. Neles circularam incontáveis povos ao longo dos últimos quatro mil anos

Os olhos semicerrados de Tijary Warejú pareceram se tornar duas noites pretas para buscar a memória do assunto que eu desejava escutar. Em minha mente surgiram imagens de pés de milhares de pessoas em trânsito.

Depois surgiram cenas de pessoas sentadas em grandes círculos, acolhidas por clareiras na mata e aquecidas por uma fogueira no centro. Vozes trocando histórias e mãos trocando presentes. Povos seguindo fluxos como rios em suas certeiras jornadas da nascente à foz, formando territórios móveis, delimitados pela paisagem e pela força da coesão das comunidades estabelecidas em iluminadas clareiras. Povos que, quando se encontravam, entrelaçavam ideias, artes e saberes. Entre eles, os Aymara, os Quéchua, os Guarani, cujas vozes forjaram com o tempo um conjunto de princípios, práticas sagradas e éticas comunitárias que ganhou ressonância e nome em cada uma dessas culturas: "sumak-kawsay" para os Quéchua; "suma-qamana" para os Aymara; e "tekoá-porã" para os Guarani — a arte do bem-viver.

Foi nas práticas de reciprocidade, cooperatividade e gratuidade — que ancestralmente ocorriam nos aty-guaçus (grandes reuniões intertribais) —, que produções de arte, artesanato e alimentos típicos de cada cultura eram trocados como uma espécie de rito conectivo que integrava as diferenças; que inspirara os valores éticos que desde então iriam resultar nos princípios do bem-viver, sintetizados no reconhecimento da necessidade de cuidar de três aspectos indissociáveis para haver uma existência saudável, fluida e plena:

- O lugar interior.
- O lugar que o indivíduo ocupa no mundo.
- O lugar como uma entidade coletiva chamada comunidade.

Era isso que a memória de Tijary Warejú queria dizer nas suas reticências quando seus olhos voltaram para o agora. Ela começou a me responder inicialmente com gestos, apontando a mão para o coração, depois girando suavemente o dedo para demonstrar o espaço em que nos encontrávamos e terminando por apontar para as pessoas que circulavam na aldeia. Depois falou algumas palavras em guarani, fazendo o movimento da cabeça em minha direção e apontando o dedo para minha testa, meu coração e meus pés ao dizer que para conseguir manifestar o bem-viver era necessário adquirir:

- O bem-pensar.
- O bem-sentir.
- O bem-fazer.

O tekoá-porã nos convida a olhar para o ser que somos de um modo diferente, em direção a um equilíbrio genuíno no qual corpo, coração e mente possam ser cuidados com a consciência de que um termo se desdobra no outro e os três formam uma unidade no rio da existência. Quem já teve relacionamentos que fazem o riso surgir fácil nos lábios, o suspiro traduzir alegrias de tardes, noites ou manhãs de momentos celebrativos, sem necessariamente ser de relações enamoradas de casais, mas de convivência de numinosa ressonância com o coração, tocou o bem-viver.

É muito diferente do viver bem, que para algumas pessoas pressupõe a falsa ilimitada vida consumista e consumidora de si e para outras pessoas, um certo verniz social em que a aparência vale mais que a essência. No bem-viver, a riqueza e a beleza estão nesse lugar interior representado pelo coração, que, por sua vez, com toda a certeza irá refletir, sim, em riqueza e beleza exterior, devido à ênfase na qualidade das relações e no cuidado com o espaço onde se vive.

Temos consciência de que existem alguns dilemas globais que interferem em nossa busca pelo bem-estar quando se trata do nosso lugar no planeta, a começar pela palavra "planeta"

Meu povo chama de Mãe Terra. "Planeta" é uma palavra alienígena para o coração, ele não entende, parece algo muito distante de nós mesmos. Preste atenção, pronuncie a palavra "planeta" para si mesmo e escute. O que sentiu? Agora tente "Mãe Terra". O que sente? Quando constatamos que toda uma civilização humana, com alto grau de inteligência e desenvolvimento tecnológico, faz de seu lugar — o único que tem para viver — um palco de destruição, exploração doentia, superprodução de lixo e de veneno em suas águas, seu solo e seu ar, no mínimo poderíamos ficar surpresos e nos perguntar: "Como é que chegamos até aqui?" Parece que é como se tudo que nós, como humanidade, fizemos na Terra não nos afetasse direta e profundamente.

O distanciamento provocado pelo dia em que transformamos a Mãe Terra em planeta fez com que perdêssemos a noção de que o lugar pessoal, o ambiente e o coletivo humano funcionam como um só corpo. Era isso que Tijary Warejú queria dizer quando fez os gestos

— Quer conhecer bem uma pessoa? — dizia ela tempos depois, quando morei em sua comunidade. — É só observar como é o lugar onde ela mora.

Ela falava isso quando via a bagunça que eu deixava no meu quarto. Com o tempo, entendi que essa frase era muito mais ampla. Um lugar reflete a maneira como nos portamos nele, a partir de nós mesmos e de nossas relações.

A natureza emana tekoá-porã para a humanidade. Por isso os cantos mântricos dos Guarani até hoje a reverenciam em todas as comunidades de leste a oeste, de sul a norte. Ao considerarmos esse fator, quando vemos uma paisagem se expressar por meio de furacões, incêndios florestais, derretimento de geleiras, epidemias e pandemias, fica mais evidente a sensação de uma civilização que se encontra no caos e na encruzilhada de seu destino para um futuro improvável.

O tekoá-porã passou a ganhar força nestes tempos de caos social e ecológico global como uma forma de resistir a um modelo de desenvolvimento predatório e excludente. Não se trata de uma teoria ideológica ou sociológica para contrapor uma visão dominante. Para cumprir a proposta do bem-viver é necessário retomá-lo a partir do fio da meada de sua origem histórica ancestral, compreendê-lo como síntese de uma soma de experiências de diversas culturas, e não a construção de um conceito teórico

A consciência do bem-viver está no comportamento e nos gestos dos avós de tradições imemoriais e que se conectam com as gerações presentes à medida que estas a buscam e a reconhecem.

Os ensinamentos que dão sentido ao bem-viver propõem repensar nossa relação com o mundo, valorizando a simplicidade, a espiritualidade e a reverência pela vida em todas as suas formas — mas também olhar e cuidar desse lugar interior, desse espaço continental em nós mesmos, pois é a partir daí que essa arte ganha corpo. Como fazer isso sem olhar para trás e para além? Para o fundo? Para as raízes, as memórias, os desvios no caminho, os antigos saberes, para dentro dos nossos próprios corações e para o todo?

    À medida que mergulhava nas tradições milenares dos Guarani, uma pergunta ecoava em minha mente como um sussurro ancestral: por que o mundo é imperfeito? Durante uma década caminhando nessa trilha milenar, aprendi com Tijary Warejú e Alcebíades Werá — o Pena Branca — sobre uma sabedoria que atravessava mais de três mil anos. No entanto, uma indagação persistia, uma incógnita que parecia pulsar no cerne de cada ensinamento compartilhado por aqueles sábios avós. Descobri que a resposta estava além do tempo, que era uma chave guardada nos registros da tradição guarani.

CAPÍTULO 2

Outros mundos habitam este mundo

A imagem de Tijary Warejú me falando sobre o tekoá-porã é antiga, mas sua força e seu sentido ainda ressoam. Vem de quando fui viver com os Guarani, entre as aldeias Tenondé Porã e Krukutu, em meados dos anos 1980, na época em que a conheci acompanhada de Alcebíades Werá. Os dois viriam a ser meus padrinhos de adoção e meus iniciadores na tradição dos saberes ancestrais.

Ela era uma das últimas "nhe-ngá oiko-angá" — sonhadora de caminhos. Entre os Guarani, desde épocas remotas, existe a figura do nhe-ngá oiko-angá, que é uma pessoa que tem o dom de sonhar o melhor lugar para a comunidade habitar.

O nomadismo guarani se faz milenarmente seguindo a trajetória dos sonhos. Foi assim que as comunidades foram se constituindo em aldeias ao longo das gerações. Para os Guarani, os sonhos indicam o melhor espaço para povoar, ter condições de produzir alimento, caçar, pescar, rezar. Sim, eles são rezadores. São as rezas que mantêm o espírito coletivo forte, os sonhos mantêm a conexão com o mundo espiritual, e as "nhem-porã tenondé" — palavras do saber ancestral — mantêm a clareza de visão.

Antes de conhecê-los, eu morava na periferia da cidade e me lembro do tipo de trilha que atravessei para chegar até eles. Foram caminhos de asfalto feitos para o trânsito de milhares de automóveis, tendo por paisagens infindáveis prédios aglomerando centenas de pessoas. Duras avenidas cujos veículos expelem gases no céu dia e noite. Correm graças ao negro sangue da Mãe Terra que faz funcionar seus motores atrás de futuros improváveis.

Quando a noite chega, fazem surgir um tipo de luz sem estrelas que ilumina praças cosmopolitas, pátios, ruas, quintais. Rotas com sua luminosidade extraída de hidrelétricas que sugam a energia do movimento das águas dos mais diversos rios que brotam dos seios da natureza.

Esse tipo de estrada é parte da jornada de vida de inúmeros cidadãos dentro daquilo que consideramos o mundo, e foi também parte de minha travessia. Destino de um dos maiores paradoxos da nação humana em relação a viver bem: energia elétrica, roupas, tecnologias, alimentos transgênicos, moradas de aço e cimento; cada uma dessas coisas resulta da extração de quantidades absurdas dos recursos da natureza, que são exauridos todos os dias. Dizem que é assim que se obtém melhor qualidade de vida. Foi uma via como essa que tive que atravessar para chegar até a sabedoria dos anciões das culturas mais antigas para aprender outras possibilidades de caminhar sobre a Terra.

Nos anos 1960, meus pais seguiram uma rota que saía do norte do estado de Minas Gerais para o Sudeste, no estado de São Paulo, em direção ao lugar onde eu iria nascer. Meus antepassados habitavam o norte mineiro, rodeados pelos Xacriabá, Aranã, Krenak, Caetité e Kaxixó. Povos pertencentes a diferentes etnias e que falavam línguas distintas, mas, pelo fato de habitarem regiões do cerrado e das montanhas, foram chamados de Tapuia.

À medida que o tempo avançava no mugido do gado e nos vilarejos encrustados entre a secura do cerrado e o silêncio das montanhas, os Tapuia do interior se viram submersos por uma paisagem transformada. O que antes era um cenário intocado, passou a ser invadido por fazendas. No entanto, a mudança da paisagem sob o progresso de bois, boiadeiros, capitães e coronéis que foram arando a paisagem e fazendo brotar cidades teve também um enredo de perseguições ocultas, expulsões dolorosas e pressões sufocantes, narrado apenas nas entrelinhas das memórias dos meus pais e avós.

A história dos meus antepassados ecoa como cicatrizes ocultando memórias e sacrifícios silenciados nos quais muitos parentes, diante das pressões avassaladoras da desordem do progresso civilizatório, adormeceram as raízes da própria história em troca dos campos de trabalho nas roças.

Até o dia em que meus pais decidiram migrar para a Terra da Garoa, como era conhecida uma das maiores metrópoles do Brasil. São Paulo nessa época com certeza não tinha a mesma vertigem do início do século XXI nem a mesma poluição. Um cinturão verde da Mata Atlântica em sua borda mantinha ainda o clima chuvoso que lhe dera fama. Bem ali, naquela periferia enevoada dos anos passados, no cinturão verde da cidade, fui encontrar o povo guarani, minha segunda família.

Décadas antes, quando entrei na escola pública, não sabia ainda muita coisa sobre meu povo, sobre a primeira família, meus antepassados e, claro, nem sobre mim mesmo. Meus pais evitavam falar qualquer coisa que remetesse à própria jornada, e os motivos que os levaram até aquele trecho da vida até então eram um mistério. Lembro de forma vaga a história de uma tia-avó pajé, temida pelos feitiços e, ao mesmo tempo, amada pelo poder de cura por meio das ervas que usava para cuidar da comunidade, quase nada mais.

Aprendi na escola pública lições a respeito do meu povo e meus parentes como se nem eles nem eu existíssemos mais. Fui uma criança invisível na escola. Me escondia atrás do uniforme, calça azul-marinho e camisa branca, tornando-me igual a centenas de colegas que estudaram na minha época. Além disso, minha mãe partiu desta existência e se tornou encantada quando eu tinha 9 anos; o mesmo aconteceu com meu pai quando fiz 16. Foi uma época muito difícil de me nutrir do afeto da memória de quem me antecedeu.

Até o dia em que, depois de concluído meu aprendizado na escola pública e trabalhando no departamento de cultura da prefeitura da cidade, produzindo um documentário, fui visitar uma aldeia do povo guarani para uma entrevista. O tema era justamente sobre o que havia motivado meus pais a viverem nas beiradas das metrópoles: a jornada migratória. Na verdade, de alguma maneira, inconsciente naquele momento, eu buscava conhecer melhor o meu próprio passado.

No dia em que fui visitar a comunidade guarani depois de atravessar quilômetros de asfalto, prédios, ares nebulosos, subitamente surgiu uma longa estrada de chão avermelhado, formando um sinuoso corredor ladeado por

Mata Atlântica à direita e à esquerda, as copas das árvores cobertas por uma curiosa neblina que se fez presente. Me lembro que, quando pisei o chão de terra batida do "opy" (a casa de rezas) e entrei na aldeia, na mesma hora o meu coração se pôs como parte daquela morada.

Sabe quando você chega a um lugar onde nunca esteve antes, mas tem a sensação de que já o conhece? Além da sensação, uma imagem das pessoas, dos objetos, das coisas, tudo se apresentando como se não houvesse nenhuma distância e nenhum percurso anterior para chegar, como se nem o tempo houvesse separado um momento e outro. O próprio pajé Alcebíades Werá, esposo de Tijary Warejú, que nunca havia me visto antes, olhou de soslaio e, sem nenhuma surpresa, foi me dizendo:

— Demorou, hein, sobrinho?! Vamos lá! Me traga aquele tabaco.

E foi me dando tarefas e desdobrando assuntos como se fosse uma continuidade de um encontro do dia anterior.

Foi assim o encontro com meus mestres de vida.

Com o tempo aprendi a viver entre as duas estradas. Para isso, tive que buscar respostas na sabedoria dos avós. Tijary Warejú ensinava pelo silêncio e pela concisão de palavras e gestos, mas seu forte era a condução pela via dos sonhos. Já Alcebíades Werá ensinava pelas "nhemporã-tenondé" — as palavras formosas — e pelo "ayvu rapyta" — os princípios do coração — a cosmovisão milenar guarani.

Aprendi logo no início umas das primeiras lições da arte do bem-viver quando pisei na estrada vermelha que me conduziu até a aldeia. Tenho ainda vívida a imagem do velho sentado em um tronco de árvore que servia de banco dentro da casa, soprando o seu petenguá (cachimbo) suavemente. Me sentei ao lado dele para conversarmos. Parecia que a tarde também se sentava naquele momento conosco. Um cheiro de fumaça vinha de uma pequena fogueira no centro da casa, que iluminava o encontro e mantinha a penumbra longe da nossa conversa. A paisagem de uma aldeia guarani é composta por casas iguais, rústicas, simples e tranquilas, em oposição aos bairros de prédios e casas na cidade, diferentes uns dos outros, sempre em movimento, fluxo, trânsito.

Desde nossos antepassados, caminhamos buscando um tekoá para conseguir atravessar o mundo imperfeito — o Yvy-Mara — e alcançar a "Terra sem Males" — o Yvy-Mara-Eye. E dessa maneira chegamos até aqui. Até então, eu achava que se tratava apenas de uma fuga constante da opressão dos colonizadores europeus desde o século XVI, da intromissão nos territórios e da transmissão de doenças, como a gripe e outras similares ocidentais.

A minha curiosidade se misturou com o desejo de compreender uma visão de mundo completamente nova para mim. Percebi que um homem nutria uma alegria discreta por ser procurado por mim. Me lembro das palavras do velho professor: "O tekoá-porã é necessário porque o mundo é imperfeito."

Alcebíades Werá tinha um forte traço de paz no seu caminhar, e seus passos pareciam acompanhar o dia no mesmo ritmo do Sol — sem pressa. Assim também era sua fala. Ele usava uma faixa de algodão amarelo que ia até a parte de trás da cabeça, de onde se destacava uma longa pena branca de garça.

Depois de alguns encontros, nos tornarmos mais íntimos e eu pude chamá-lo de Pena Branca. Foram necessárias algumas investidas para extrair dele uma explicação sobre a ideia de "mundo imperfeito", até que um dia, sem que eu nada esperasse, ele me perguntou:

— O que você vê ali?

— Uma árvore?

— Olhe com cuidado. O que você vê?

Uma árvore ao lado de outra e mais outra. Várias espécies de árvores, plantas, arbustos, de todos os tamanhos, predominando o tom verde. Um suave vento balançava as copas, as folhas, e, conforme a luz do dia mudava por causa do movimento do Sol, minha percepção mudava.

— Veja bem. Aquela pequenina ali.

Olhei para a muda Ele dizia que, quando eu conseguisse ver — em vez de olhar —, iria me falar sobre a imperfeição do mundo. Por muitos dias, me dispus a contemplar somente aquela muda. Era uma muda de abacateiro. Foram necessários muitos encontros para que eu percebesse as várias etapas que ela enfrentava: desde ter recém-saído da terra, ganhar corpo, até se elevar na direção do céu.

— Nas trilhas da natureza, onde cada coisa é um raio da luz do coração de Tupã, há essa dança que você vê. Cada momento, como as pegadas de nossos ancestrais na Terra, tece padrões que se entrelaçam, como nossa cestaria. A vida sopra almas que são nutridas pela terra, pelo Sol, pelas águas, pelos ventos, e vai tecendo uma trama: gerando, nascendo, crescendo, maturando, envelhecendo, morrendo, encantando. Nada está pronto, tudo está entre o ser e o fazer. Ora sendo, ora fazendo e entre o ser e o fazer: sentindo.

Pena Branca me revelou que há uma entidade para cada etapa do "vir a ser" no mundo. São oito no total e formam uma espécie de "inteligência" da Mãe Terra, o corpo de "amana", e o "sentimento/alma" do mundo natural, cujo propósito é o aperfeiçoamento da vida como um todo.

Amana vem de Amanacy, a divindade que fertiliza a vida. Ao nos desconectarmos do ritmo de amana — que dá o estímulo para o coração manifestar o bem-pensar, o bem-sentir e o bem-fazer —, abrimos espaço para os grandes males da humanidade: as guerras, a fome, a miséria e as epidemias.

O ritmo de amana está presente em todos os processos naturais, como uma energia cocriadora que faz vibrar oito tons de modo impermanente e constante, a ponto de dar a sensação de imperfeição — que é, na verdade, o processo criativo da criação.

Reconhecida como um aspecto do Grande Espírito, chamado de Tupã — comparado com o trovão por gerar a energia da vida de modo poderoso —, a energia criadora impulsiona sete momentos, como notas ou frequências musicais, que fazem a vida acontecer em uma precisão imperfeita.

Uma cultura que manipula, subjuga e devora os lugares em que habita destoa desse ritmo que naturalmente leva em direção ao aperfeiçoamento das condições de vida. Parece que o ser humano vive um dilema inconsciente: ao mesmo tempo que se imagina o centro do universo, dono da casa que habita — a Mãe Terra — e a única inteligência capaz de geri-la, toma atitudes (ditas civilizadas) que, inexoravelmente, detonam parte dessa morada em nome de uma suposta qualidade de vida que não gera bem-viver.

Temos que achar outra expressão para o que é chamado "recursos naturais". Reduzir ou limitar a natureza a isso não é nada natural. A Mãe Terra é um sistema vivo, e nós, seres humanos, somos uma expressão de tantas outras faces que compõem uma sagrada teia. Somos uma parte da trama não separada do Todo que é consciente de si mesmo e de seu agir nos diversos mundos das diversas vidas que vivificam, modelam, transformam e evoluem em todos os lugares da natureza.

Muitos mundos habitam este mundo. A realidade não se limita ao que é percebido pelos cinco sentidos. Existem camadas mais profundas da natureza, como ciclos lunares, estações do ano, movimentos celestiais e outros fenômenos naturais, como expressões de elos que estão bem acima da suposta racionalidade humana.

Foi a partir de um convite para observar a natureza que comecei a entender a visão de mundo guarani, na qual entes, seres ou entidades associados a padrões rítmicos muitas vezes são considerados guardiões, mensageiros espirituais ou figuras sagradas que desempenham papéis significativos na ordem cósmica. Rituais, práticas xamânicas e cerimônias são realizados para estabelecer ou manter a harmonia com esses seres e planos espirituais.

Quando contemplamos a dança da vida com atenção — nos vales, nas trilhas, nos horizontes —, vemos que há algo além dos movimentos óbvios. Um mistério sutil paira no ar, uma percepção que, na correria do dia a dia, passa despercebida. Contudo, uma verdade oculta se desenha nos contornos da existência, talvez como um enigma esperando ser decifrado, ecoando pelo tecido do tempo, aguardando pacientemente para ser desvelada.

CAPÍTULO 3

Somos música caída do céu

A sabedoria do bem-viver foi ignorada por séculos, sufocada pelos invasores que vieram da Europa, interessados em dominar e subjugar. Catequeses, escravizações, perseguições, epidemias, guerras — esses foram alguns dos fatores que obscureceram e invisibilizaram a sabedoria das culturas ancestrais.

Enormes extensões de terra, que se estendiam por praticamente todo o Sul do Brasil, passando por Argentina, Uruguai e Paraguai, foram invadidas e povos, calados, sobretudo os Guarani. Regiões que desde o século XVI foram ocupadas por religiosos sectários, aventureiros, traficantes de madeira, de minério, de gente, de animais;

lugares que serviram de esconderijo para reis, capitães, corsários, náufragos, bêbados e diversas outras categorias de foragidos que chegavam do continente europeu literalmente como desterrados, ou seja, sem ter conexão alguma com o espírito da Mãe Terra.

Como se tudo isso não bastasse, um dos mais terríveis conflitos que recaíram sobre os Guarani se deu na Guerra do Paraguai, ocorrida entre 1864 e 1870. A então chamada Tríplice Aliança (Brasil, Argentina e Uruguai), depois de ter já dominado todo o território paraguaio, fez um cerco com vinte mil homens e exterminou cerca de três mil jovens guaranis, sob a alegação de serem "soldados paraguaios".

Durante os anos da batalha, os Guarani foram recrutados à força pelos dois lados do conflito. Além disso, quando os acordos de paz que definiram as fronteiras entre os países foram firmados, os territórios tradicionais dos Guarani foram mutilados e passaram a ser distribuídos entre fazendeiros, empresas e governos. Muitos foram expulsos de terras ancestrais e confinados em áreas de difícil acesso ou, ainda, condenados a uma eterna peregrinação de idas e vindas entre o Sul e o Sudeste do Brasil, buscando retomar o tekoá-porã.

Na época, os Guarani perderam grande parte de sua população masculina e uma considerável parte da população feminina sofreu com abusos sexuais e violências psicossociais, gerando expressões como "a minha avó foi catada a laço", desde meados do século XX até tempos recentes, que desviam a atenção de traumas e feridas geracionais.

Muitas luas se passaram até essas tramas se enovelarem e se desdobrarem em fios intrincados de pobreza social, em discriminação e na desestruturação cultural impostas por uma sociedade dita civilizada. É nesse contexto que a presença marcante de líderes guaranis, visionários que captam sonhos de novos horizontes e trilhas inexploradas, passam a inspirar comunidades inteiras a buscar, em longas jornadas, por uma Terra sem Males, onde o tekoá-porã se ergue como um bastião contra a visão opressora do mundo e assume a fama de quase um transe coletivo por um reino utópico.

Quando conheci a aldeia guarani de Tenondé Porã nos anos 1980, o cotidiano da comunidade me chamou a atenção por coexistir tão bem com a paisagem em que vive. Os padrões rítmicos dos moradores orquestravam a rotina povoada de murmúrios e diálogos, que, por vezes, se confundiam com a fala de rios, ventos e pássaros.

As pequenas tarefas que os dias impunham aconteciam na base da troca de olhares e, quando muito, em vozes repletas de pausas. As crianças sorrindo com os riachos, brincantes, por entre as trilhas da mata, nas ocas erguidas de improviso, me causaram uma familiaridade e uma sensação de pertencimento muito forte. Roupas puídas, doadas por campanhas filantrópicas, e penduradas em varais contrastavam com a pujança da floresta em torno. Os mais idosos, quando circulavam, pareciam invisíveis, mimetizados entre a altivez das árvores e seus passos, que se confundiam com a cautelosa passagem do tempo.

A guerra transcorrida, um épico histórico do qual os Guarani participaram, não apenas exigiu como não poupou esforços na preservação de sua identidade cultural, que se expressa em tessitura silenciosa e invisível a permear a rotina na aldeia. Como uma dança sagrada, meticulosamente entranhada entre o passado e o presente, entre o que é visível aos olhos e o que permanece oculto aos sentidos comuns, o tekoá-porã acontece, mantendo-se em um lugar de paz cultural no mesmo espaço de guerra social, no qual os "sonhadores de caminhos" esculpem novas possibilidades de fazer da morada coletiva um jardim aprazível para a vida.

A natureza representa o espaço e o conjunto de seres que deram corpo à música-espírito que somos — essa é a filosofia guarani. A natureza não é apenas fonte de recursos naturais. A floresta, os vales, os rios, as montanhas, para o meu povo, têm nomes próprios e missões sagradas que devem ser cumpridas a cada dia. Além disso, reconhecemos que nela há um mistério resultante da modelação e corporificação do indivíduo que somos. Sua marca em cada um de nós está no modo como sentimos a vida, no modo como vivenciamos experiências e no modo como capturamos a energia que se expressa como pensamento. O termo que usamos para isso é "nhanderekó".

É nos cânticos tradicionais que ecoam atravessando os luares dos séculos que a identidade cultural dos Guarani encontra sua âncora. Como uma resposta ressoante aos fatos históricos que desafiaram a existência dessa cultura, os Guarani se fazem visíveis ao anoitecer, diante das estrelas; entoados pelas crianças, pelos jovens, pelos velhos, pelos espíritos encantados e por diversas outras ordens de seres. A filosofia e a identidade caminham juntas, unidas por uma visão de mundo que possui raízes profundas.

São os cânticos que aproximam o povo guarani da essência musical que verdadeiramente somos, uma nota vibratória de Tupã — o Criador — que atravessou dimensões e ancorou em si raios solares, lunares e estelares, para se corporificar e se manifestar, de forma temporária, na matéria. Por isso, a espiritualidade é entoada por sons de poder, melodias que ecoam as origens divinas dos descendentes do Sol, da Lua, das estrelas e das forças naturais. É o opy — a casa sagrada cujo chão de terra batida é o lugar onde celebramos as entidades da natureza que nos constitui.

Na parede ovalada ao fundo do opy fica o "amba", o altar que ancora as representações das entidades que dão vida a todas as formas de existência. São os Nhandejaras, os espíritos da natureza. Esse altar é representado por uma cruz de madeira posta, cujas partes vertical e horizontal se cruzam bem na metade. Na cosmovisão guarani, esses eixos representam a Mãe Terra em perfeito equilíbrio, enraizando a energia vertical do jeguaká e a horizontal do jasuká.

"Jeguaká" significa cavalo ou animal de montaria, e representa um meio de transporte, um símbolo de contato e intercâmbio vertical de comunicação entre o Céu e a Terra. A palavra "jasuká" significa vermelho encarnado. Ela representa uma das cores sagradas dos povos guarani, que simboliza a vida, a força e a resistência — é a cor do Sol nascente, que traz a luz, o calor e a vida para o mundo.

Cantar em torno do amba é reverenciar seres e emanações que vivificam a vida em toda a sua extensão e em todas as suas dimensões. As pontas da cruz apontam as quatro direções — as moradas dos Nhandejaras, que regem os quatro elementos. O eixo vertical, fincado no chão, representa o norte e o sul — respectivamente, as moradas de Jakairá e Tupancy, cujos guardiães são os Jecupé. O eixo horizontal, amarrado no centro da madeira, representa o leste e o oeste — respectivamente, as moradas de Kuaray e Yaci (ou Jaci, conforme a etnia). No centro, o coração de Tupã emana os nomes, as vibrações da vida, a partir do mistério do Céu.

Estar no opy é se conectar com a ancestralidade cósmica, com a origem imemorial do ser. Foi o que aprendi durante sete anos convivendo com Pena Branca.

No amba ainda estão presentes o cocar, representando a autoridade do Criador, e o petenguá (o cachimbo), objeto que permite o sopro, pois a música que somos veio de um sopro divino. Quando encarnamos, o canto divino se torna silêncio em nossa respiração e a canção palpita ritmo em nossos corações. Somos música-alma-palavra, e essa música se expressa como sentimentos e como pensamentos. Ela se organiza em cada um de nós como ideia e é entoada como expressão. Para a cultura guarani, o nome é uma potência criadora. Uma palavra é um ser em si mesmo com a qualidade que lhe é evocada.

Na cosmovisão, Tupã — o criador — faz os mundos se manifestarem pelos seus cantos-palavras. Nós, seres humanos, somos palavras postas de pé. Para se ter uma ideia, a palavra "tupi" está associada a um grupo étnico, mas isso é algo que nasce a partir de estudos antropológicos para definir os nomes e particularidades de cada povo.

Etimologicamente, essa palavra significa som-assentado ou som-de-pé.

Já na língua falada pela matriz tupi, o "avanheng", essa palavra é composta por duas: "tu", que significa som, e "py" ou "apy", que significa banco, por se referir a um pequeno banco muito utilizado no cotidiano. Ela é usada para designar o ser humano de modo geral e não uma etnia. No século XVI, os antigos, ao serem perguntados quem eram, apenas responderam que eram "seres humanos", "som-de-pé".

Para que se entenda melhor, é necessário dizer que o sentido e a importância que o Ocidente dá para a nomeação de um grupo, povo ou nação não eram os mesmos dos nossos antepassados, de modo que a palavra "tupi" designava uma pessoa comum. Na visão de mundo guarani, somos músicas caídas do Céu, entoadas pelos "Criadores da Vida".

Há três entidades que criam a vida: Kuaray (a emanação), Nhamandu (o imensurável) e Tupã (a energia vibratória do som). A partir daí, os Nhandejaras, posicionados nos pontos cardeais, são portais por onde atravessamos do infinito para a existência, somos entoados e nos tornamos gente.

A alma é uma entidade vibratória por onde nosso espírito-emanação atua. Então, receber um nome é receber o entendimento de onde você veio, de que direção do Céu, quais qualidades emanatórias tem, quais temperamentos e características espirituais habitam o seu coração.

Toda essa cosmovisão leva a outro princípio importante do tekoá: o fundamento da palavra-alma, que diz que toda palavra é o corpo de uma alma, uma energia viva, e que todas as coisas têm energia viva. É essa energia que põe em atividade os padrões da criação. A entidade-divindade que rege tais qualidades é Tupã, que indica o ritmo do universo.

Nesse sentido, a essência do ser humano é um padrão vibratório, ou seja, uma energia que se manifesta em diferentes frequências. Cada pessoa tem uma vibração única, que é influenciada e expressa por pensamentos, sentimentos, emoções e ações. A sensação de harmonia ou desarmonia que sentimos ao interagir com alguém ocorre devida às emanações vibratórias que somos.

Quanto mais elevada é a vibração de uma pessoa, mais ela se conecta com a fonte da vida e com o próprio propósito. Quanto mais baixa for a vibração, mais a pessoa se afasta da sua essência e se deixa levar por medos, conflitos e ilusões. Por isso, os cantos guaranis, chamados de nhemporã, visam elevar os padrões vibratórios da comunidade.

Tupã está em todo o movimento da vida. Nada está parado, tudo vibra em diferentes frequências e ritmos.

Passei a ser frequentador do opy, que, durante a noite, era um portal de conexão com o Grande Espírito e, em algumas ocasiões diurnas, servia de espaço para reuniões.

Em uma dessas ocasiões, fui convidado para participar de um conselho de apoio à comunidade. Foi quando soube do projeto de construção do Centro de Cultura Ambá Arandu. Os "Cheramãe" (os avós) estavam preocupados com o constante assédio dos mais diversos tipos de pessoas e instituições à aldeia: evangélicos, antropólogos católicos, cientistas sociais, assistentes sociais, voluntários da causa ecológica. Vinham tanto aqueles dispostos a colaborar e apoiar as necessidades sociais da comunidade como aqueles que buscavam uma nova catequização religiosa, uma tentativa de influenciar e dissuadir os pajés e desviá-los de sua autoridade junto às famílias.

Os avós desejavam manter a tradição e, ao mesmo tempo, permitir que as novas gerações tivessem acesso ao conhecimento, à língua e ao domínio de técnicas da sociedade não indígena. A ideia de um centro de cultura e educação que pudesse reunir o que havia de documentos, livros, registros da cultura guarani e ter os oradores da tradição reconhecidos e atuantes tomou conta das discussões. Como era um tema muito ligado aos valores da comunidade, entendi que deveria me retirar; ao mesmo tempo, fiquei animado com a disposição dos líderes para sonhar com aquela proposta.

A comunidade entendia que deveria haver um lugar para incluir novos conhecimentos, se conectar com a visão de mundo do juruá (o homem branco) e aproveitá-la na comunicação dos valores do tekoá comunitário, preservando a função do opy de ancorar a cosmovisão e a emanação dos nomes, do nheng, das palavras-alma. A convivência e o aprendizado que tive graças a essa sabedoria e os desafios sociais e confrontos cotidianos que a comunidade enfrentava me levaram, a princípio, a recusar uma participação no grupo de ação.

Como a situação de muitas famílias era de vulnerabilidade social — fome e frio, além de dores físicas resultantes de debilidades ósseas, dentárias e de órgãos físicos —, passei muitos anos envolvido na promoção de campanhas com amigos e parceiros — um jeito de ajudar a comunidade.

Ao mesmo tempo, como era responsável pela promoção cultural e pela aquisição de qualquer informação relativa aos Guarani, adquiri documentos, livros e depoimentos registrados em áudios e vídeos. Eu me surpreendia a cada momento com a profundidade e amplidão da sabedoria ancestral. A sua cosmovisão representa uma síntese intrincada e simbólica de temas que se relacionam com a origem do universo, dos planetas, do ser humano e de toda uma cartografia da consciência do ser.

Sim, era impressionante como a situação social dos Guarani não refletia a beleza de sua sabedoria milenar, existente há mais de cinco mil anos por estes lados do continente hoje chamado América. Assim fui enveredando pelo tekoá-porã.

Enquanto desvendava as camadas dos saberes de um povo que vai além das narrativas entoadas pela ganância, percebi que a raiz do mal social residia não apenas nos ataques físicos daquele tipo de mentalidade colonizadora, mas também na invasão sutil dos territórios simbólicos e arquetípicos de nossas culturas ancestrais. Os invasores criaram e espalharam histórias que diziam que nossos antepassados eram desprovidos de sabedoria, e isso foi um golpe tão profundo que desenvolveu uma ferida social que viaja por séculos e se esgarça nas avenidas do mundo contemporâneo. Essa distorção não só privou a sociedade não indígena da riqueza de outras visões de mundo, como também perpetuou a ideia cruel de que a contribuição desses povos se limitava a um papel subalterno, como escravos na construção de uma nação.

CAPÍTULO 4

O nome que vem da terra nos ergue do chão

Graças à convivência com meus parentes guaranis da aldeia de Tenondé Porã, juntamente com os avós Tijary Warejú e Pena Branca, me acostumei com a fala suave entremeada com silêncios que permeia toda a comunidade. Uma expressão cheia de delicadeza. Um tom que se assemelha a uma melodia. Trata-se do reconhecimento de que, se cada palavra é um espírito, então cada nome pronunciado ecoa com uma reverberação, trazendo consigo uma vida sagrada. Nomear é um ato que nos coloca em uma condição de grande responsabilidade. Falar pode ferir ou curar alguém. Essa é a visão de mundo guarani.

No mundo ocidental, como as pessoas decidem chamar alguém? Um recém-nascido? Um adulto? Essa questão envolve fatores como a cultura, a tradição, a moda, o significado e a sonoridade dos nomes. Alguns optam por homenagear familiares, amigos ou personalidades que admiram. Outros preferem nomes que reflitam valores, crenças ou origens. Há também quem escolha nomes baseados em tendências, celebridades ou personagens de ficção.

Nomear é consagrar algo. Não há uma regra única ou certa para nomear alguém: seja uma criança, uma planta, um animal. No caso do ser humano, é possível que os pais considerem as consequências de sua escolha, como a pronúncia, a grafia, o apelido e a associação com outras pessoas ou situações. Enfim, de todo modo, o nome é parte significativa da identidade em várias camadas: familiares, culturais, sociais, espirituais.

Uma das formas de dominação colonial que os Guarani sofreram no século XVI foi a imposição de nomes e sobrenomes cristãos pelos jesuítas. Esses religiosos, que tinham como objetivo converter os indígenas à fé católica, ignoravam e desrespeitavam a cultura e a cosmovisão dos Guarani. Havia um projeto de apagamento da identidade dos povos originários que se iniciou nesse período e ainda persiste, atravessando centenas de anos.

Como já foi mencionado antes, uma cosmovisão é importante e estruturante para um povo — a do catolicismo, por exemplo, era fundamental para aqueles que vinham da Europa. Sabemos que havia outras e que existiam conflitos entre essas cosmovisões. Sabemos também que eles desconsideravam a opção de respeitar as dos povos das terras que passaram a chamar de "Novo Mundo", sendo, na verdade, elas mesmas o tekoá-porã ancestral de milhares de povos antigos.

É possível cosmovisões diferentes coexistirem? Desde o século XVI, muitos religiosos, com o desejo de fazer o bem, desenvolveram um sistema de cristianização nas Américas, buscando eliminar símbolos, arquétipos e ideias dos povos originários, que chamavam de pagãos; para deixar de sê-lo, a primeira coisa era adquirir um nome e um sobrenome cristão.

No catolicismo da época, nomear era uma forma de afirmar a autoridade e o poder da Igreja sobre as pessoas, os lugares e as coisas. Por meio dos nomes, a Igreja definia a identidade, a origem e o destino dos fiéis, bem como a sua relação com Deus e com os santos.

Eles também serviam para demarcar os limites entre o sagrado e o profano, o ortodoxo e o herético, o amigo e o inimigo. Nomear era, portanto, um ato de significação e de dominação, que expressava os interesses da Igreja Católica no período histórico da Reforma e da Contrarreforma.

Os nomes impostos aos povos ancestrais eram escolhidos de acordo com o calendário litúrgico ou com a devoção dos missionários. Assim, muitos passaram a se chamar Antônio, José, Francisco, Inácio, João, Pedro, Maria, Ana, Teresa, Carlos etc., como uma etapa preparatória para a fase posterior, que era renunciar à língua e à cosmovisão.

Era necessário, também, um sobrenome — como é a tradição judaico-cristã até os dias de hoje. O meu, por exemplo, é "Dos Santos". Descobri que esse sobrenome foi espalhado entre diversas etnias como um sinal de cristianização. Sua origem religiosa está relacionada com o Dia de Todos os Santos, celebrado em 1º de novembro pela Igreja Católica. Inicialmente, era dado a pessoas que nasciam nessa data, que não eram primogênitas, que eram bastardas ou que eram mulheres. Esse nome vem do latim *Sanctorum*. Ele se espalhou por vários países de língua portuguesa e espanhola. No Brasil, além dos povos indígenas, foi um dos sobrenomes mais comuns por ter sido dado a muitos ex-escravizados após a abolição, em 1888.

Os arredios à cristianização, aqueles que insistiam no paganismo, podiam receber o sobrenome Da Mata, relacionando-os à floresta, embora esse nome já existisse em várias regiões da península Ibérica. Algumas famílias que viviam nesses lugares o adotaram. Na Espanha, vem do Solar da Mata, um vale na Galícia; em Portugal, uma das origens é a Quinta da Mata de Flores, em Loures. No

Brasil, serviu para diferenciar o pagão do cristão a partir do antigo vilarejo de São Paulo de Piratininga.

Para a nobreza do século XVI, nomear alguém ou obter o sobrenome de outro nobre era uma estratégia para fortalecer laços familiares, políticos e sociais. Era uma prática comum entre reis, nobres e clérigos, que buscavam aumentar seu prestígio e sua influência na corte e na sociedade. O nome ou o sobrenome podia indicar a origem, a linhagem, o patrocínio, a fidelidade ou a gratidão de quem o recebia ou o concedia.

Nomear alguém traz inúmeros significados de acordo com as culturas e classes sociais. O nome reflete a origem, a identidade, a personalidade, a religião, a história ou as expectativas dos pais sobre o filho. Além disso, influencia a forma como as pessoas se relacionam, criando estereótipos, preconceitos ou admiração.

Por isso, escolher um nome é uma decisão importante e complexa, que envolve fatores sociais, culturais e afetivos. Para uma pessoa da comunidade guarani, receber um nome e nomear alguém é tão especial e profundo que é uma tarefa para os pajés. Os pais e familiares aguardam o momento, que requer toda uma preparação e tem um rito próprio: Nhemongarai.

O pajé, que intermedeia as relações entre os mundos material e espiritual, é a pessoa mais adequada para escutar com clareza a música-espírito que um corpo carrega, pois a nota vibratória deste é a própria alma que atravessa mundos, planos, dimensões, para então chegar ao tempo-espaço da casa do ser, para o início de sua jornada terrena.

Existem três principais momentos no ano para acontecer o Nhemongarai, o grande rito que vivifica a alma da comunidade guarani.

- O primeiro é na entrada do novo tempo, chamado Arapyaú, que na tradição ocorre em julho
- O outro momento é na entrada da primavera, o Arapoty, que marca o renascimento da vida sobre a superfície.
- E, por fim, o Araymá, o período da nomeação das almas, que em muitas comunidades ocorre em janeiro.

Esse momento de nomeação das almas é algo que representa o coração da sabedoria ancestral guarani, pois é quando se consagra a presença da essência humana na Terra. Para o meu povo, cada ser humano é vivificado por um nheng (alma-palavra), um termo que significa, como já foi mencionado, que somos uma espécie de entidade vibratória, uma emanação de luz entoada por Tupã, o Mistério Criador, que carinhosamente a comunidade chama de Nhanderu, que significa "Nosso Pai".

Segundo Tijary Warejú e Pena Branca, para que a nossa existência se corporifique, somos soprados e vibrados pelo Espírito Criador. Em seguida, um dos oito portais da preparação dos corpos nos recebe. Após a travessia desse portal, os Nhandejaras nos modelam, preparam nossos futuros corpos. Ao fazerem isso, ganhamos um nome de alma e nos tornamos uma alma-palavra. Depois disso, nossa essência adormece no colo da mãe para a encarnação no mundo material. Dependendo de por qual portal a travessia é feita, a alma ganha um nome ligado aos guardiões do mesmo.

1. Portal do sul e oeste: Jecupé.
2. Portal do leste: Kuaracy.
3. Portal do oeste: Tupã/Tupancy.
4. Portal do norte: Jakairá.
5. Portal do Céu: Nhamandu.
6. Portal da Terra: Nhandecy.
7. Portal do sul e leste: Yacy.
8. Portal do sul e norte: Kerexu.

Com esse nome, que revela o lugar de onde sua emanação fez a travessia, você conhece melhor seu "nhandereko" (jeito de ser), suas aptidões de alma — o que facilita o existir. O nome vai representar o elo com o ponto do espaço-tempo em que a experiência na Terra se inicia e a conexão com a essência vibratória que você é.

Os portais estão representados no amba (o altar), erguido no opy (a casa das rezas) por um eixo vertical, uma madeira fincada no chão, cruzando com uma na horizontal, amarradas no centro dos dois eixos. A princípio, lembra uma cruz cristã — uma aparente e possível influência do catolicismo. As pontas representam os pontos cardeais; o ponto vertical é o leste-oeste, o céu-terra, do sistema.

Quando recebi meu nome, Werá Jecupé, ele indica que minha alma fez a travessia entre o leste e o oeste, trazendo as características do espírito guardião que se ergue da Terra e, ao mesmo tempo, tendo as bênçãos de Tupã. Ao escutar a pronúncia dele, algo em mim se apresentou com uma claridade além da razão, e no mesmo instante se enraizou.

A escolha do nome exige uma preparação que envolve toda a comunidade. Algumas pessoas chegam com ramalhetes de mate, que ficam pendurados em um varal. Outras trazem velas, feitas de cera e mel artesanalmente, pois é a luz das velas feitas de acordo com a tradição que ancora a energia luminosa das entidades da natureza. Os cachimbos — petenguá — passam defumando todo o espaço pelas baforadas carregadas do reconhecimento de uma identidade, que, quando abençoada, manifesta o bem-viver.

Os cantos começam evocando e reverenciando o poder do Sol, da Lua, das estrelas, do dia, da noite e de amana, os padrões que põem a existência em movimento. As mulheres se põem em posição de dança, os homens também se postam erguidos e altaneiros e os cantos tomam conta da comunidade.

Na hora mais alta da noite, aqueles que vão receber nomes se põem em fila; normalmente são crianças no colo das mães. Alguns poucos adultos, que ainda não tinham seus nomes são chamados — foi o meu caso. Me lembro que, quando chegou a minha vez e o escutei, após o sopro da bênção do pajé com seu petenguá, entendi quem eu sou por uma reverberação no ouvido em meio a cânticos de louvores ao imensurável, sob a proteção das estrelas. Entendi que meu nome se erguia da terra-corpo que ocupo, como a raiz de uma árvore, mas que vinha de um imensurável mistério.

Depois que passei por essa experiência, algo mudou dentro de mim. Eu andava pela mata, por trilhas e até por áreas urbanas e me sentia mais integrado ao ar que respirava, ao calor do Sol, à luz do luar. Afinal, são emanações da nossa origem!

Consequentemente, minha reverência pela natureza se aprofundou ainda mais em mim. Em alguns momentos, uma sensação de pertencer a uma ordem maior da vida tomava conta de mim. Não era algo exclusivo à minha pessoa, mas como uma extensão dela própria. Foi por isso que um dos ritos mais importantes para entender o bem-viver além da superfície do mundo material, para mim, foi o Nhemongarai, o rito dos nomes. Aprender que segundo a sabedoria ancestral a alma humana é preparada pelos Nhandejaras, entidades que fornecem a energia que será usada para modelar o futuro corpo material, me abriu portas da percepção. Lembro de Pena Branca me ensinando:

— Essa energia fornecida pelos Nhandejaras é um endy, uma bênção que nos dá a habilidade de sentir, ter sensação, imaginar e até pensar. Os Nhandejaras cuidam dos portais da Mãe Terra, das gerações de almas, da produção de amana, da produção de aromas e do bom combate.

— Eles guerreiam? — perguntei.

— Eles lutam.

— Qual a diferença?

— Eles não produzem guerras. Combatem as cinco coisas que podem gerar uma guerra.

— Que coisas são essas?

— A ignorância, a dúvida, o orgulho, a estagnação e a repugnância. Eles emitem os sons da harmonia, da serenidade, da alegria, da paz e do amor. Fazem isso através de ventos, pássaros, insetos, águas, chuvas e outros sons entre o nascente e o poente. De noite, nos orientam na terra dos sonhos, onde aprendemos muito com cada um deles. Existem pessoas especiais, como Tijary Warejú, que domina a linguagem dos sonhos, que servem de mediadores entre eles e nós.

Lembro que, quando Pena Branca terminou de explicar, uma cigarra cantou.

CAPÍTULO 5

O poder sagrado dos ritos

O bem-viver implica entender que a vida tem um ritmo cadenciado pelo Grande Espírito e que há um bem-fazer natural nesse fluxo, tecido pela natureza através de seus ritos de equilíbrio, expressando-se como uma linguagem do fazer. Com essa compreensão, aprendi que os ritos podem educar para o bem-fazer.

Um dos povos que conheci e com o qual vivenciei rituais de autotransformação foi o povo Krahô, de tradições bem diferentes dos Guarani. Habitantes do cerrado, em uma grande área no estado do Tocantins, me ensinaram a importância dos ritos como uma prática para o bem-fazer.

Conheci Penon, o cacique, em uma visita que ele fez à aldeia guarani, em busca de ajuda para uma situação de grande apreensão e desolação em sua comunidade. Ele tinha que recuperar a khoiré, o machado de pedra sagrado de seu povo, principal instrumento dos ritos da comunidade, e precisava de ajuda para levar sementes e raízes para as roças, cultivadas tradicionalmente pelos seus parentes e que estavam sem cultura porque as terras se desertificaram sem elas.

Os Krahô da Aldeia do Rio Vermelho haviam perdido, havia décadas, a machadinha que representa a força e o poder da alma dos Mehin, como os Krahô se autodenominam. Por intermédio dela, os ritos desse povo os conectam com toda a sua ancestralidade e espiritualidade. Com o passar do tempo, os pajés sentiram que, sem seu símbolo sagrado, era como se a alma do povo se tornasse frágil. Eles achavam que essa também era uma das causas da pobreza do espaço krahô.

Já a desertificação começou quando a aldeia ficou mais suscetível à mudança de hábitos. Com isso, houve a troca do trabalho na roça pela criação de gado. Essa alteração, feita de maneira inconsequente por pessoas ditas representantes do governo, praticamente atropelou o cultivo da roça tradicional. A voracidade de uma quantia enorme de bois, com o tempo, dificultou a manutenção do ecossistema do cerrado local e do modo de vida de um povo com mais de três mil pessoas na época.

Sem os frutos e as raízes do cerrado, não há comunidade. A khoiré faz a mediação dos ritos, que são fundamentais para que o espírito da terra e do cerrado sejam vivificados. Uma comunidade sem alma adoece a terra, tudo morre sem renascer. Era o que Penon dizia.

Pena Branca interpretou como uma intromissão o que fizeram no tekoá-porã dos Krahô e me disse, como eu era um Jecupé, que poderia ajudá-los. Graças a uma série de acontecimentos que ocorriam naquele momento, eu realmente podia. O fato é que a machadinha em questão fora retirada do povo por um antropólogo nos anos 1980 e se encontrava no Museu do Ipiranga, em São Paulo.

Como na época eu trabalhava na Secretaria Municipal de Cultura de São Paulo, conhecia pessoas que facilitaram o encontro do cacique com os responsáveis pela instituição, que, sensibilizados pela questão, devolveram o objeto. Penon contou ter tido um sonho no qual conseguiria levá-la de volta.

Na ocasião, fui convidado para conhecer a aldeia e me pediram ajuda para que um documentário, produzido pelo próprio povo, fosse divulgado. Isso os auxiliaria a conseguir o apoio necessário para a recuperação de sementes e raízes. Foi assim que passei a trabalhar, no início dos anos 1990, com essa comunidade, que vivia à beira do rio Tocantins.

Os Krahô se encontram na mesma região dos meus antepassados, no cerrado. Quando conheci Penon, ele me levou para vivenciar o Amji kin, um conjunto de ritos para celebrar as dádivas da Terra. "Amji kin" é uma expressão que a etnia Krahô utiliza para se referir à alegria. As celebrações dos Amji kins envolvem cantos, danças, brincadeiras, troca de alimentos, corrida de tora e rituais de "passagem"

Foi da convivência com os Krahô, com sua intensidade, que aprendi o valor profundo e a importância de um ritual. Passei pelo "rito de empenação" chamado de "Pork Ahok", quando recebi uma pintura corporal de jenipapo, toda feita em linhas horizontais, que definia na linguagem a origem espiritual à qual eu estava ligado.

Para os Krahô, o Grande Espírito se dividiu na Terra em duas metades: kat-miê e wak-miê, ou seja, a polaridade da Lua e a polaridade do Sol, respectivamente. Cada um de nós tem uma dessas como dominante — saber qual é necessário para que se possa pintar o corpo adequadamente. Para a polaridade do Sol, a pessoa recebe uma pintura vertical; para a da Lua, uma horizontal.

A tradição para caçar, em grupos separados, era peculiar: alguns buscavam orientação nos sonhos para encontrar o momento ideal para a caçada. Certa ocasião, entre os parentes que partiram em busca de alimento, apenas um retornou com a caça, carregando consigo um valioso porco-do-mato. Era um presente raro, que alimentaria toda a comunidade, composta por inúmeras famílias. A família do caçador preparou a carne no "ka-pey", o pátio central, e a compartilhou com todos. À medida que cada membro da aldeia, jovens e idosos, recebia um modesto pedaço de carne, algo surpreendente aconteceu. Cada pequeno fragmento parecia se multiplicar em sabor e sustento, atendendo todos de maneira notável.

Diante da aparente escassez, acabei, inicialmente relutante, renunciando a minha porção em favor dos demais.

— É melhor você cortar um pedaço, todos têm que comer — disse Penon.

— Prefiro deixar para os mais velhos e as crianças.

— Eles já comeram. Você tem que comer.

Percebendo que minha participação era aguardada pela comunidade, me servi, aceitando o pedaço que me cabia. O ato simples desencadeou uma cadeia de acontecimentos que transcendiam o compartilhar de alimentos. Era como se todos se sentissem honrados por compartilhar aquela iguaria conquistada por um membro da grande família krahô. Era uma manifestação da essência vital da comunidade, algo que os Krahô chamavam de "kamrakã" — o bem-viver.

Em outra caçada, todos retornaram com uma abundância de presas: porco-do-mato, veado e capivara. O pátio central, antes palco da partilha modesta, transformou-se em um cenário de festa, de abundância. Ao pegar meu pedaço, fui novamente orientado por Penon:

— Parente, é melhor você comer bem, comer bastante, pois todos estão fazendo isso. Se não você atrapalha o kamrakã da comunidade.

Foi assim que entendi o poder da partilha como um rito sagrado que sustenta toda a comunidade.

Após certo tempo, fui identificado como uma alma de dominância lunar, que definia determinadas características em mim, e fui nomeado Txtuk, que era o nome de um bisavô da família. O rito de nomeação krahô, diferente do dos Guarani, é centrado na honra aos antepassados consanguíneos e na expressão da polaridade dominante: wak-miê (solar) ou kat-miê (lunar).

Para fazer o rito, passei por etapas que são feitas para as crianças, como o preparo para a "empenação" (que consiste em ter o corpo preenchido de penas miúdas de gavião da cabeça aos pés, coladas com uma espécie de cola saída da seiva de uma planta). A nomeação também garantia o kamrakã de todo o povo.

Os Krahô decidem quase tudo em grupo, organizado por pequenas ou grandes rodas de pessoas. Quando perguntei como e quando isso começou, Penon me disse que desde épocas ancestrais era assim, e sempre funcionou para o bom andamento da aldeia.

— Eu não entendo como o kupen [nome dado ao homem branco] consegue deixar a decisão de toda uma grande comunidade na mão de uma pessoa só. Aqui a gente decide em círculo. Se queremos uma decisão rápida, fazemos rodas de reunião em pé. Se precisamos de mais tempo, então nos sentamos em roda. Quando nos sentamos, permitimos que o coração fale com mais calma.

Assim me ensinou o cacique.

Entendi que reconhecer a ancestralidade é, além de uma forma de manter a cultura e a memória dos antepassados, valorizando suas contribuições e resistências, um modo de fortalecer a identidade de ser quem se é. Cada vez ficava mais evidente para mim que temos várias camadas de ancestralidades. Com os Guarani, aprendi e vivi a experiência de reconhecer o elo da minha alma com os entes da natureza. Com os Krahô, com os antepassados humanos e principalmente com aspectos que para muitos estudiosos são nomeados de arquétipos das polaridades, como é o caso do "kat-miê" e wak-miê", aprendi sobre a qualidade lunar e solar que nos habita. Somos filhos da Mãe Terra, mas também somos netos da Avó Lua e do Avô Sol, o que justifica manifestarmos as energias do feminino e do masculino.

Na sabedoria do povo krahô, a questão do gênero não é algo separado da emanação solar (wak-miê) e da emanação lunar (kat-miê), na qual temos também origem e que, portanto, nos influencia. Convivemos todos com as duas qualidades, respeitando a polaridade dominante. Há homens-Lua e mulheres-Sol.

Os ritos são imprescindíveis também para manter a força e a integração de uma comunidade. Com a nomeação, tanto entre os Guarani quanto entre os Krahô, percebi que a identidade cultural, social e espiritual é algo decisivo para o nosso enraizamento no mundo. Com os ritos, constatei o quanto são importantes para ética das relações.

As feridas psíquicas em decorrência do obscurecimento da identidade e do não reconhecimento da ancestralidade são um problema grave que afeta muitas pessoas, especialmente as que sofrem discriminação racial, cultural ou religiosa. Essas feridas podem se manifestar como baixa autoestima, crise de identidade, depressão, ansiedade, isolamento social, entre outras.

Ter colocado os pés na aldeia guarani e escutar o sopro do meu nome sob a proteção dos cantos, com o tempo, me fez entender a importância de estabelecer uma comunicação com nossa alma — conexão esta resultante do papel dos ritos. Eles usam uma linguagem que une o corpo e a alma; uma sabedoria ancestral que tem como propósito lapidar o bem-fazer na sagrada escola do bem-viver.

Passei a ver de outra forma experiências vivenciadas em minha vida na cidade e que considerava irrelevantes. Na verdade, eu nem sabia que os considerava assim. Aniversários, casamentos, formaturas, despedidas, reencontros podem, sob certas condições, ser superficiais artifícios ou então passagens marcantes em nossas jornadas e o reconhecimento da presença da alma em nossas vidas. Foi vivendo na aldeia que passei a entender que cada coisa tem um propósito.

Quando Pena Branca me pediu para observar atentamente a natureza, compreendi que os ritmos dela são ritos para que a existência aconteça. Reconheci que há seres por trás desses ritos e que eles fazem parte de uma linguagem de ações entre o visível e o invisível. Entre as dimensões do pensar, do sentir e do fazer, há uma trama que os rituais propiciam, tecida de acordo com a consciência cultural e as intrincadas camadas sociais de cada povo. Ritos são atos simbólicos que entrelaçam os valores, refletem as identidades de uma cultura ou comunidade e se desdobram nas mais variadas expressões.

Eles ainda exercem a função sagrada de marcar as transições da vida, fortalecer os laços afetivos, legar ensinamentos e perenizar tradições, celebrar conquistas e transitar pelos crepúsculos das perdas. Não raramente desvelam uma essência terapêutica, facilitando o processo de cura, reconciliação e integração. As suas formas de expressão, ricas em simbolismos, gestos e narrativas, permeiam grupos sociais, religiosos, étnicos e nacionais. Por isso, desprezar a importância dos rituais pode resultar em dilemas sociais e culturais, desencadeando intolerância, preconceito, discriminação e, por vezes, violência.

CAPÍTULO 6

Anham: o "eu" contrário que cria obstáculos

Houve um momento em que compreendi que não era somente o drama histórico vivido pelos Guarani — que provocou constantes migrações à procura um pouco de paz e de sobreviver de acordo com sua cultura — que fazia disso a busca do bem-viver. Passar por ritos específicos e situações de reclusão e internalização de reflexões me fez acolher o tekoá-porã como uma filosofia, uma espécie de bússola de orientação pessoal.

Pena Branca me ensinou que somos descendentes das entidades da natureza e que elas estão dentro de nós como forças impulsionadoras, como potências a serem equilibradas, como uma ancestralidade que sustenta a alma: filhos da Terra, netos do Sol e da Lua, parentes dos animais e das florestas. Cada uma dessas presenças nos influencia de dentro para fora. Percorrer etapas de rituais e desenvolver a linguagem do silêncio nos permite reconhecer isso de maneira não racional.

Na visão do meu povo, o mal é chamado de "Anham", o senhor dos obstáculos, nascido de um confronto de energias. O propósito de Anham é criar obstáculos e promover a ignorância. Os obstáculos podem ser vistos como impulsos evolutivos para a consciência, se dermos uma atenção mais aprofundada para a compreensão de seus mecanismos. São eles que imprimem em nós, por vezes, um conflito interno que faz as forças se movimentarem por sentidos diferentes pela nossa polaridade. Os rituais de internalização, que estimulam o desenvolvimento da capacidade de contemplação, meditação e reflexão, vão proporcionando, com o tempo, habilidades para lidar com ele.

O Sol e a Lua, o dia e a noite, a ação e a reação. Essas são presenças que vão além das polaridades que encontramos na natureza, pois trazem algo também sobre a diversidade e a complementaridade do universo, além dos óbvios obstáculos e excessos. O Sol nos ilumina e nos aquece, mas pode nos cegar e nos queimar. A Lua nos inspira e nos encanta, mas pode nos confundir e nos enlouquecer. O dia nos desperta e nos ativa, mas pode nos cansar e nos estressar. A noite nos acalma e nos relaxa, mas pode nos assustar e nos deprimir.

Polaridades dizem respeito à oposição, a extremos que geram excessos. Encontrar o equilíbrio pode levar ou à neutralidade ou à equanimidade. Elas se alternam, se influenciam e se transformam. Representam as diferentes facetas da realidade, que não é estática nem absoluta, mas sim dinâmica. A natureza também expõe a polaridade ao mesmo tempo que valoriza a diversidade e manifesta a equanimidade entre todas as expressões de vida.

Os desafios decorrentes das polaridades em nossas vidas são muitos e variados. As diferenças e os contrastes que existem entre as pessoas, as situações, as ideias, os valores, podem gerar conflitos, tensões, divergências e desequilíbrios, mas também podem estimular o crescimento, a criatividade, a diversidade e a harmonia. Para a filosofia do bem-viver, é o domínio sobre Anham que vai fazer a diferença.

Um dos principais desafios é saber reconhecer e aceitar as polaridades, sem negá-las ou rejeitá-las. Isso implica ter uma visão ampla e integradora da realidade, que não se limite a uma única perspectiva ou a um único lado. Também implica ter uma atitude de respeito e diálogo com as pessoas que pensam ou agem de forma diferente, buscando compreender pontos de vista e motivos.

Outro desafio é saber equilibrar e integrar tais polaridades sem cair em extremos ou em dualismos. Isso significa encontrar um ponto de equilíbrio entre as forças opostas ou complementares que atuam em nós e no mundo, como razão e emoção, individualidade e coletividade, ordem e caos, estabilidade e mudança. Também significa buscar uma síntese criativa entre elas, que possa aproveitar os aspectos positivos de cada uma e gerar novas possibilidades de solução ou de transformação.

Quanto a Anham, a entidade que rege os obstáculos, no século XVI, com a chegada dos jesuítas, decidiram associá-la ao diabo. Em histórias e lendas relacionadas a Anham, este se expressa como a figura arquetípica que põe defeito em tudo, que critica tudo, que olha pelo que falta e não pelo que tem, que crava dúvidas; assim, sua maior força é a sabotagem e a manutenção da ignorância.

Quando ouvimos aquele provérbio de que um avião decola e voa alto por causa dos ventos contrários, isso nos abre uma possibilidade de lidar com obstáculos de outro modo. Em vez de focarmos nas dificuldades como algo que nos impede de alcançar nossos objetivos, podemos vê-las como oportunidades de crescimento e aprendizado. Os ventos contrários são regidos por Anham e convidam a usar nossos recursos e habilidades para superá-los e seguir em frente. Assim, podemos transformar o mal que os obstáculos representam em aliados para nossa jornada de desenvolvimento pessoal.

Anham tem o poder da transformação, tanto no sentido de se transformar em qualquer coisa para cumprir seu propósito de aniquilação de possibilidades como no sentido de colaborar para uma transformação pessoal ou coletiva naquele que é o seu alvo. O sabotador, o tirano, o julgador, a vítima, são algumas das faces em que ele adora se transformar. O que todos têm em comum é o prazer de evitar que algum tipo de êxito seja conquistado.

Na filosofia do bem-viver há a dinâmica de presenças em que os opostos vivem em nós e a percepção de que o oponente tem uma missão evolutiva — assim como a luz e a sombra refletidas em um objeto se complementam —, pois vemos melhor tendo a clareza dos contrastes. O oponente nos desafia, nos testa, nos provoca e nos faz crescer. Ele mostra os nossos limites e as nossas potencialidades. Ele nos ajuda a desenvolver resiliência, criatividade, ética e compaixão.

Em nossas ancestralidades, devemos considerar que em nosso ser existem camadas herdadas da genealogia que ora nos sombreia e ora nos ilumina, camadas originadas nas forças da natureza que nos impulsionam e nos fazem vibrar diversos tons do sentir e camadas do imensurável que nos inspira. Daí que, entre esses campos em nós, obstáculos podem surgir para surpreender.

CAPÍTULO 7

As feridas ancestrais

Não é possível manifestar a arte do bem-viver sem considerar também um olhar mais abrangente sobre a ideia da ancestralidade. O lugar de origem em cada um de nós é o balizador de um centro, de centrar-se, de sentir-se centrado. Um ponto que nutre a originalidade que nos abarca. Isso envolve, para uma sabedoria ancestral, diversas áreas do ser. Somos constituídos por várias camadas, segundo a antiga sabedoria tupi-guarani, que no seu conjunto estruturam a nossa materialidade.

Quando procuramos uma definição mais comum de ancestralidade, verificamos que é um conceito que se refere à ligação entre as gerações passadas e as presentes.

Podemos também percebê-la como herança cultural, biológica e espiritual que recebemos dos nossos antepassados. Podemos dizer que é uma forma de reconhecer e valorizar a origem, a história e a identidade. Daí surgem os inúmeros cultos para homenagear e agradecer aos que vieram antes de nós.

Isso também implicará uma responsabilidade com as gerações futuras; dessa maneira, o círculo do existir se encerra e se inicia. Aprendi que muitas feridas de nossa ancestralidade podem se expressar em uma destas três portas:

1. A do bem-pensar (porta da mente), que se relaciona com nossa identidade.
2. A do bem-sentir (porta do coração), que se relaciona com nossas emoções e poder pessoal.
3. A do bem-fazer (porta motora), que se relaciona com nossas capacidades, atitudes e ações.

Há feridas que decorrem de um "mal-pensar" devido a crenças que afetam o nosso senso de identidade, pois encobrem o mais profundo centro dinâmico de nós mesmos, o nosso Sol interior. Se o nosso senso de identidade parte de memórias ancestrais negativas sobre nós mesmos, isso se torna uma ferida a ser curada. Como temos diversas camadas de identidades — social, cultural, pessoal —, se não tivermos clareza e conexão com a dimensão mais profunda de nós mesmos, de certa maneira nos tornamos debilitados de nosso próprio ser.

Quando nos conectamos com a nossa identidade essencial, a nossa natureza mais íntima, que os Guarani nomeiam como "nhandereko", adquirimos um centro coeso em que todas as demais camadas identitárias gravitam com estabilidade em torno desse núcleo, que é como um Sol em nosso interior. Por isso o Sol é o arquétipo do espírito que somos nas tradições quechuas, aymaras e guaranis.

Enquanto um centramento mais profundo não acontece, tudo que vivenciamos desde a infância até o início da juventude predomina para definir nossas crenças de identidade. Quando desenvolvemos a consciência de valor próprio a partir desse Sol interior, reconhecemos a nossa origem ancestral e divina, e consequentemente a nossa autoestima estabelece um núcleo interno mais coeso.

Quanto mais conscientes de nós mesmos, menos dependentes nos tornamos memórias antepassadas negativas instaladas em nós com suas identidades e memórias fracionadas. Através do autoconhecimento, podemos descobrir mais sobre o nosso propósito, missão de vida e caminhos de realização, de modo contínuo, saudável e próspero.

Na cultura indígena de modo geral, e na tradição do meu povo em particular, há os ritos e iniciações voltados para conectar, curar e liberar situações, coisas e fatos ligados à ancestralidade por causa do reconhecimento da necessidade de centramento com esse "Eu Ancestral" que é como um Sol em cada coração.

A capacidade de sentir, de se emocionar, de se conectar com sensações diversas, para a sabedoria milenar guarani, vem da própria natureza e das chamadas forças elementais que a sustentam, como características das energias que a regem. A cultura guarani reconhece que a natureza é povoada de seres, ou entidades, popularmente chamados de "encantados", que representam e movimentam as forças chamadas elementais: a terra, a água, o fogo, o ar. Essas forças tecem nossa alma e nos nomeiam, e, ao sermos nomeados, ganhamos emoções e sentimentos. Essas são as heranças anímicas que nos são ofertadas pelos Nhandejaras (entidades que regem a natureza e que nomeiam a alma).

Os sábios pajés ensinam que há uma relação direta e misteriosa entre as nossas emoções e os elementos. Quando somos nomeados, os seres que representam essas forças nos facultam uma bênção especial para essa camada em nós mesmos, chamada de "aguijé".

A tristeza, a raiva, o medo e a sensação de abandono formam o vórtice negativo dessas forças. Alegria, harmonia, serenidade e amor formam o vórtice positivo. Para os antigos sábios, todos os nossos sentimentos são uma combinação dessas oito emoções, e elas estão associadas a poderes elementais que recebemos ao nascer para viver aqui e aprender a lidar com elas. Receber o **aguijé** é receber uma bênção que equilibra essas oito energias que pulsam em nós. A nomeação cura uma "ferida" da separação do momento em que a alma encarna no corpo físico.

Tudo aquilo que impediu nossos ancestrais de realizar projetos ou sonhos importantes pode refletir em nosso "bem-fazer" como uma ferida. Portanto, o bem-fazer pode se relacionar com o "ter", devido à ligação com os desejos e necessidades a serem expressos. Podemos dizer que de maneira natural nós temos aquilo que desejamos. Quanto mais intenso o desejo, mais atraímos o que queremos.

Esse centro do nosso espírito é magnético e atrativo, por isso a sabedoria milenar o chama de centro do poder pessoal, essa parte que nos dá o poder de realizar. A ancestralidade é um complexo de memórias que pode conter e se expressar de diversas maneiras, como por meio da arte, da religião, da ciência, da política, da educação, da memória.

Assim, determinados desafios relacionados à ancestralidade, que são aqueles que envolvem justamente a percepção e o reconhecimento da origem, da história e da identidade de um indivíduo ou de um grupo, fazem parte também do presente. Eles podem surgir devido a conflitos familiares, discriminação, perda de memória cultural, falta de reconhecimento ou de pertencimento.

Alguns exemplos de problemas relacionados à ancestralidade são a busca por antepassados desconhecidos, a dificuldade de aceitar ou de expressar a própria etnia ou religião, o sentimento de deslocamento ou de exclusão em uma sociedade multicultural, a necessidade de preservar ou de resgatar tradições e costumes ancestrais.

A conexão com as nossas raízes nos permite ter recursos inconscientes para lidar com os desafios da vida e prosperar, porque aqueles que nos antecederam tiveram que enfrentar os percalços de seu tempo, e o modo como o fizeram se tornou uma qualidade inata em nosso subconsciente. Muitas vezes os fracassos, as derrotas, as doenças de épocas remotas servem de modelo para aprendermos a lidar com situações adversas; mas para isso é necessário ressignificá-los naquilo que nos oferecem como lição. Outras vezes as vitórias, os êxitos, as riquezas materiais e imateriais, como conhecimentos e saberes, formam o tônus brilhante que compõe a musculatura de nossas raízes e que nos auxilia na presente existência.

O meu povo celebra a ancestralidade como uma bússola de orientação para a abundância e a sabedoria.

Nesse sentido, ela está relacionada à prosperidade, porque nos oferece a síntese dos saberes que herdamos dos nossos antepassados, e essa é uma das chaves para o êxito na vida. No entanto, o fluxo dessa prosperidade necessita ser ativado para a nossa consciência a partir da consideração de quatro fatores fundantes: a inclusão, a gratidão, o cuidado e a compreensão.

Foi por isso que, quando nos tolheram dos ritos de conexão com as nossas raízes, tornaram as nossas gerações atuais dependentes socialmente, economicamente e culturalmente de uma visão de mundo ocidental que está sendo posta em xeque a esta altura do início do século XXI.

A ancestralidade fortalece o nosso senso e consciência de identidade e nos dá o tom de sermos como somos e de como nos posicionamos no mundo. Por isso é a nossa força. É o que nos mantém unidos a um elo de pertencimento e nos inspira para a coragem de expressar a que viemos. Se considerarmos as dimensões de nossa origem que nos conectam com a natureza, nos revelando que somos parte de algo maior que silenciosamente cuida de nós, essa é a maior riqueza que possuímos — sem possuir —, pois nos torna ricos de espírito e de coração, porque invisivelmente nos anima, vitaliza, inspira.

Se olharmos no dicionário, encontraremos o termo "ancestralidade" ligado à hereditariedade, àquilo que veio antes, à origem, a antecessores, ao antepassado. Ou seja, é o encadeamento de algo que, em decorrência de sucessivas experiências anteriores, gera a soma (ou síntese) do que se apresenta agora.

Somos a decorrência de todos aqueles que nos antecederam, e, para a milenar sabedoria tupi, essa soma não está presente somente do ponto de vista genético e biológico: existe uma ancestralidade do corpo material, com seus genótipos e fenótipos, mas existe também uma ancestralidade anímica, herança da natureza e de suas entidades, que por sua vez sustentam a origem espiritual do ser que vibra os oito padrões do aperfeiçoamento evolutivo, no vir-a-ser da existência.

Conhecer, mais do que as histórias, os padrões de crenças e comportamentos decorrentes dessas memórias nos ajuda a saber mais e melhor sobre os nossos condicionamentos atuais e eventualmente a adotarmos uma atitude de transformação e cura para alguns deles.

Uma árvore gera frutos de acordo com a qualidade e a força de suas raízes. Herdamos determinadas características comportamentais, e os nossos atos revelam hábitos ancestrais muitas vezes inconscientes de nossa percepção. Por isso, quando despertamos a nossa curiosidade para a origem de nós mesmos, muito daquilo que é inconsciente em nós se torna consciente. Além disso, uma vez despertos de nossos hábitos, temos mais clareza para escolher quais devem ser transformados, quais devem ser lapidados e quais devem simplesmente reverenciados. Para tanto, considero no mínimo cinco camadas ancestrais a serem consideradas:

1. A dimensão genealógica.
2. A dimensão anímica.
3. A dimensão espiritual.
4. A dimensão cultural.
5. A dimensão da polaridade.

A dimensão genealógica

A genealogia é uma ciência voltada para a pesquisa da história das famílias, sua linhagem e ascendência que estuda a origem, a evolução e a disseminação das várias gerações de uma família. É uma área que pode nos mostrar muito sobre nossos antepassados e sobre como as famílias evoluíram ao longo dos anos. Deixa em cada um de nós memórias que se desdobram em crenças e valores que na maior parte das vezes são inconscientes e ao mesmo tempo estruturantes em nossas expressões de vida.

A dimensão anímica

Para a sabedoria tupi-guarani, a alma é uma entidade vibratória modelada pelas forças da natureza: terra, água, fogo e ar. Na mitologia tupi, antes do surgimento do ser humano material, surge o ser humano encantado, um protótipo do que virá a ser.

A alma também tem sua genealogia e suas heranças, categorizadas como temperamento, psiquismo, sentimentos, emoções, desejos.

A dimensão espiritual

Na matriz de nossa humanidade, na origem de todas as origens, está o espírito. Devemos também olhar através e além da matéria que nos constitui e nos reconhecermos como uma emanação luminosa. Essa é a fonte por onde nossa existência em diferentes níveis e planos acontece. Como uma herança que possuímos e que muitas vezes não reconhecemos e assumimos essa origem.

Para a sabedoria tupi-guarani, são três os dons que nos são oferecidos como bênçãos desse pai/mãe espiritual: a sabedoria, o amor e o poder de criar. No entanto, cada um desses tesouros deve ser ativado, desenvolvido e manifestado à medida que tomamos ciência deles.

A dimensão cultural

Em cada um de nós é facultado o desenvolvimento de uma consciência de pertencimento. Uma das coisas que estabilizam o ser humano em sua jornada na Terra é saber-se pertencente a uma família, uma tribo, um povo, uma comunidade, uma nação e, consequentemente, a uma cultura. As experiências culturais, ou seja, tudo que ocorreu e ocorre em termos históricos, artísticos, sociais, econômicos, ecológicos, tecnológicos, religiosos, imprimem características no coletivo humano que também se expressam no indivíduo.

Essas experiências, por mais antigas que sejam, promovem seus impactos no comportamento, expressão e crenças em cada indivíduo, que de modo inconsciente passa a reproduzir determinados padrões, o que se reflete na qualidade de suas ações. Por isso o bem-viver também exige o bem-fazer, que é agir com mais consciência de si.

Conhecer a complexidade da cultura a que pertencemos é conhecer também nossos limites e nossas possibilidades. Quando nascemos, chegamos ao mundo com um programa subconsciente instalado que paulatinamente será posto em funcionamento, mas também trazemos um vasto espaço de memórias a serem preenchidas com novas possibilidades e experiências mais aprimoradas.

De alguma maneira, a sabedoria imemorial do meu povo já tomava conhecimento disso, por isso chama de "ivirá-nanhem" esse programa de crenças instalado em nossas camadas pessoais e comunitárias que precisa ser purificado por ritos próprios em épocas apropriadas.

Nesse sentido, é possível gerar melhores programações se soubermos deletar os padrões que limitam o acesso ao nosso potencial disponível e se aprendermos a lidar com o nosso "Eu" criador de modo adequado. Mas como fazer isso? A sabedoria milenar e a ciência podem ajudar.

A dimensão da polaridade

O meu desejo de conhecer a origem após um longo período de aprendizado com os Guarani e particularmente com Pena Branca, me levou a buscar meus ancestrais familiares. Por intermédio dos Guarani eu havia me conectado com a minha ancestralidade anímica. Mas a minha alma tinha o anseio de conhecer mais.

Uma parte de mim pulsava por despertar uma reconexão com uma dimensão que precisava ser nutrida no meu corpo de existência. Foi uma longa caminhada em direção ao que eu chamo de um alinhamento entre as minhas próprias camadas de ancestralidade para constatar que, se não colocarmos nossa consciência sobre elas, ficaremos deficientes em nosso autodomínio no agir, no sentir e no pensar. Nossas tomadas de decisões pessoais, profissionais e emocionais invariavelmente passam por essas três portas do ser.

As maneiras como nossos pais e antepassados lidavam com suas derrotas e conquistas, frustrações e bênçãos vão marcar em nossa árvore de crenças também nossa força ou vulnerabilidade em relação a merecimentos. Quando vibramos em um baixo nível de merecimento, invariavelmente surge um inimigo comum: a autossabotagem. Coisas como não terminar o que se começa, perder conquistas, precisar sempre recomeçar do zero, a dificuldade de receber elogios, presentes e de aceitar as possibilidades de grandes vitórias.

As crenças relacionadas à capacidade se referem ao fazer, à ação. Ela é determinada pelo que nós acreditamos sermos capazes de fazer. Ela dita o potencial de realização ou não. Normalmente é uma combinação de identidade com merecimento. Por isso, além de nos vermos como pessoas de valor e dedicadas, temos também que acreditar que somos capazes de realizar o que desejamos.

Existe nesse ponto o aspecto do corpo a ser considerado. O corpo físico como um todo cuida de nossa motricidade, atividade, ação. Quando limitamos nosso corpo em termos de possibilidades de flexibilidade, alongamento, atividade, elasticidade, força, resistência, resiliência, superação, conclusão etc., isso tem um reflexo em nossa psique no que se relaciona aos mesmos temas. As crenças do merecimento se referem ao merecer (eu mereço).

Quando temos a crença de identidade forte, adequada e alinhada com a crença de capacidade, naturalmente passamos a construir a crença de merecimento (ter) com melhor adequação. Crenças, do ponto de vista espiritual, são agregados de energia que se acumulam em nossos corpos/campos vibracionais. Elas são ativadas por gatilhos mentais e/ou emocionais a partir de processos de identificação e sintonia, de modo consciente ou inconsciente. Muitas delas são hereditárias, outras são registros anímicos; algumas são constituídas a partir do "eu coletivo" (cultura), e ainda há aquelas que construímos a partir de nossas experiências atuais.

As feridas ancestrais e a inabilidade de lidar com as emoções tanto positivas quanto negativas fizeram surgir as cinco coisas que destroem a consciência do ser humano: a ignorância, o orgulho, a dúvida, a fixação e a repugnância.

A esta altura, pode-se perceber que todas as guerras do passado e do presente, as epidemias, as desestruturações sociais e as invasões, segundo essa sabedoria, não se iniciam em um território exterior e nem a partir de um inimigo externo, mas justamente a partir da qualidade e do tipo de pensamento, de sentimento e de ação que uma pessoa, um grupo e mesmo uma nação são capazes de cultivar.

CAPÍTULO 8

O caminho do coração

Ouve o pulsar do teu coração. Aprende a falar com ele. Só assim conhecerá o bem-viver — sussurrou-me Pena Branca em inúmeras ocasiões.

Contudo, ao invés de buscar o silêncio para captar suas palavras, indaguei, instigado:

— Explica melhor.

Uma porção do meu ser ansiava por compreender algo que permanecia confuso para mim.

— O coração precisa ser ouvido. Quando lhe damos atenção, ele verdadeiramente dialoga contigo. Este lugar que agora habitamos, o opy, é a encarnação do coração, nosso santuário que pulsa vida em nosso corpo.

Para escutá-lo, devemos atravessar três camadas no santuário interno.

"A primeira, tecida pela Mãe Terra, zela pela vitalidade do corpo, mantendo a chama da vida acesa. A segunda, sob a influência dos Nhandejaras, os espíritos dos quatro elementos, traduz os sons em emoções, entrelaçando uma rede vibrante que conecta nossa alma ao modo como o mundo exterior nos afeta. A terceira, circundada pelo próprio Sol que habita em nós, é a parte que fala, sintetizando o que vivemos numa linguagem de imagens que se apresentam na mente. Assim, escutar é ver com olhos internos, momento em que o coração compartilha uma experiência."

Por um longo tempo meditei sobre a afirmação de que escutar o coração é ver com os olhos de dentro. Para aplacar minha faceta racional, que persistia a me beliscar, decidi investigar cientificamente o coração.

Estudos afirmam que o coração possui um cérebro, embora não da mesma natureza do órgão que convencionalmente associamos ao pensamento, localizado na cabeça. O coração abriga um sistema nervoso conhecido como "sistema nervoso cardíaco", composto por uma intrincada rede de neurônios, neurotransmissores e células sensoriais, permitindo-lhe desempenhar funções sem depender diretamente do cérebro cerebral. Embora não realize funções cognitivas como o cérebro principal, o coração opera mantendo a vida ativa sem que sequer nos apercebamos – "há um cérebro no coração, metaforicamente falando" assim iniciava a entrevista do Dr. Rollin McCraty do Instituto HeartMath, que afirma que o coração contém neurônios e gânglios com a mesma função do cérebro.

Com relação à afirmação de que o coração transforma som em emoção, isso também faz sentido para a ciência. A ideia de que o coração emana uma frequência de energia se dá devido ao fato de produzir um campo elétrico e magnético (eletromagnético) que pode ser medido por meio do eletrocardiograma (ECG). Pesquisadores da Universidade de Aveiro desenvolveram um método que identifica tanto a pessoa quando a emoção vigente por meio do ECG, também utilizado para diagnóstico de distúrbios mentais e até perícias criminais.[1]

Segundo a ciência, o campo eletromagnético do coração é gerado pela atividade elétrica das suas células durante o ciclo cardíaco. Esse campo pode ser detectado e registrado por meio de eletrodos colocados na superfície da pele. Alguns estudos sugerem que esse campo do coração pode ser influenciado por estados emocionais e que as variações no ritmo cardíaco podem expressar algo como o estresse ou a calma. Fiquei impressionado com a relação que podemos estabelecer com os elementos da

---

[1] Instituto HeartMath e Universidade Stanford (EUA) *[N. do A.]*

natureza — terra, água, fogo e ar —, porque a psicologia (sobretudo a junguiana) conecta essas energias naturais com as funções psíquicas do ser humano. Fui atrás de informações vindas da ciência porque, além da sabedoria guarani, eu já havia acessado o conhecimento tolteca, na América Central, e da cultura Hopi, na América do Norte, que dizem a mesma coisa sobre o coração. Então fui buscar também uma escuta na ciência.

Há um terceiro nível, no qual o coração atua com sua linguagem própria, fazendo uma síntese das experiências e transformando conhecimento em compreensão, exigindo atenção da nossa mente. Para isso requer que se faça o "haguã ñe'e", ou seja, "parar a fala", parar a falação interna, que é a falação emocional, ou o torvelinho de sentimentos/sensações arrevesados que circulam em torno do nosso ser, nos desviando de uma interação mais genuína conosco. Quando paramos a falação, penetramos nesse lugar secreto, sagrado, simples, profundo, iluminador de nós mesmos.

Nesse nível o coração "fala" com o ser humano entre os silêncios e as imagens que surgem na superfície da mente. A ideia de se conectar com as frequências eletromagnéticas mais profundas do coração requer estar sem medos ou instabilidades emocionais.

* * *

Por isso, na tradição guarani, a linhagem seguida por Pena Branca desenvolveu um método baseado na entoação de padrões sonoros vocálicos, chamados de "tarová", que produzem um efeito purificador e apaziguador para depois entrar no estado de não fala, que propicia a conexão com essa dimensão mais profunda de nós mesmos.

Em estado de silêncio interior e conectados mentalmente, poderemos perceber determinadas imagens que surgem aleatoriamente que podem ter diversas procedências, como memórias de fragmentos de experiências de significado pessoal ou emocional, imagens decorrentes de reflexões, de desejos, de preocupações, de questões presentes. Do subconsciente, do inconsciente coletivo. Podem surgir imagens mais abstratas, simbólicas, culturais, traduzindo expressões da alma e outras conexões sutis, arquetípicas, com profundos significados. Então, neste terceiro nível se dá uma conexão entre mente e coração, com sua linguagem a ser codificada e aprendida.

A questão é que para cada um desses níveis do coração há a necessidade de um cuidado específico. O bem-fazer faculta um alinhamento com o sistema autônomo, que cuida das ações a partir do sistema cardíaco. O bem-sentir facilita a estabilidade das emoções e sensações que nos circundam, e o bem-pensar prepara a mente para uma eventual predisposição a entrar nesse lugar sagrado de nós mesmos.

Existe uma consciência no coração que está adormecida em cada um de nós quando vivemos essa suposta normalidade das condições cotidianas, que dificulta conhecer nossos diversos "lugares" internos. Como cuidar dos lugares que nos habitam? Para isso, o caminho do coração propõe tomar posse e conhecimento de si por meio das três portas pelas quais ele se expressa: o bem-pensar, o bem-sentir e o bem-fazer.

CAPÍTULO 9

Histórias para bem-pensar, bem-sentir e bem-fazer

— Perdi minha sombra.
— Como?
— Perdi minha sombra e vou precisar de sua ajuda
— Como? Não entendi.
— Perdi minha sombra e preciso que você me ajude a recuperá-la.
— Deve haver algum engano, não tenho a mínima ideia de como posso te ajudar nisso.

Foi assim que conheci Ramon Quechua, exatamente nesse diálogo inusitado, em um congresso no qual estávamos juntos, com mais de uma dezena de representações indígenas das Américas, em Foz do Iguaçu, na fronteira com o Paraguai. Ele vestia um ponche com as cores do arco-íris — vertical —, com seus mais de dois metros de altura. Alto como se fosse uma montanha andina à minha frente. Seu rosto pálido, face transtornada, me pedia ajuda.

Após um tempo, fui entendendo e aprendendo melhor o que ele queria dizer. Seu povo usa o termo "sombra" para representar uma camada que é a réplica do corpo físico, que circunda em torno e que é responsável pela aquisição da energia vital, capturada pelas energias que fluem pela natureza. É também chamado de "o duplo" de uma pessoa. Está longe de ter o mesmo sentido da "sombra junguiana", realmente é algo bem distinto. Me parece equivaler ao "corpo astral", que creio ser a comparação mais adequada.

Segundo Ramon Quechua, quando alguém perde sua sombra sofre algumas consequências: desequilíbrios psíquicos, dificuldade de formulação de ideais, perda de imunidade, angústia, depressão, entre outras possibilidades. Quando acontece, alguns motivos possíveis são: um trauma decorrente de uma experiência emocional grave; uso de magia; uma intervenção em lugares sagrados, utilizando-se deles sem a devida autorização ou o devido respeito, entre outros.

Escutei com atenção, e houve um momento em que ele acabou revelando que em determinada época viveu um período no Brasil e fez vários rituais xamânicos na Mata Atlântica sem pedir permissão aos espíritos locais, portanto sem autorização. Quando voltou para La Paz, sua cidade natal, seu avô o repreendeu e disse que os espíritos encantados da floresta da Mata Atlântica, em represália, haviam lhe capturado a sombra. Conforme o tempo passava, ele foi se desvitalizando e entrando em depressão. O avô lhe dissera que somente um pajé guarani poderia convencer os espíritos da Mata Atlântica a devolver-lhe novamente a sombra.

Quando compreendi melhor o que se passava, convidei-o para ir até a minha aldeia e o apresentei a Pena Branca, que se prontificou a ajudá-lo, entoando suas orações aos Nhandejaras, os espíritos da natureza.

— O sopro que emana dos elementos da natureza, do ar, da terra, das águas, da luz do Sol, é que cria a força do endy que vocês, andinos, chamam de sombra. Para nós, ela é a aura que cobre o corpo e que nos dá a saúde de alma e a vitalidade do pensamento. Sem esse sopro, mal vivemos. São os espíritos dos encantados, os Nhandejaras, que fabricam esse sopro. Todos os seres humanos, sabendo disso ou não, recebem essa dádiva. Por isso nós cantamos no opy, a casa de rezas, para todas essas forças, seres e bênçãos. Mas você, amigo das montanhas, quis utilizá-las para se exibir, por isso eles tiraram o sopro vital de você.

— É verdade, caro pajé, me comportei como se fosse dono da mata. Peço perdão. Aprendi a lição.

Foi esse o diálogo entre o avô e o grande quéchua. Após as rezas e os sopros de petenguá — o cachimbo sagrado —, ele recuperou sua sombra e nos tornamos amigos. Tivemos muitos encontros após esse episódio, e felizmente esse foi o único ato de "malfazer" que vivenciei com ele.

Depois desse episódio, Tijary Warejú me explicou que são as forças da natureza que "fabricam" o endy, uma espécie de energia luminosa que envolve o corpo humano, que o andino chamou de sombra. Ela disse que é essa "energia" que alimenta determinados canais que vão para o pensar, o sentir e o agir. Quando essa energia é retirada, pode gerar pensamentos embaraçosos e sentimentos turvos, até mesmo dificuldade de raciocínio, além da diminuição da vitalidade física.

— Foi por isso que o seu amigo das montanhas ficou adoecido — ela disse.

A sabedoria ancestral diz que há uma rede de crenças, valores, memórias que no fundo são sustentados por essa energia luminosa que vem da natureza, do Sol, da Lua, das estrelas, do cosmos; por isso, uma verdadeira árvore dinâmica de pensamentos que precisam ser cuidados para formar o bem-pensar para honrar estas energias sutis que dão vida aos pensamentos.

Há uma relação do bem-pensar com a autenticidade e a identidade que nos é característica, enquanto indivíduos e enquanto cultura. Somos seres culturais, e isso implica muitas camadas internas que estruturam o nosso pensamento. Frequentemente, quando pensamos, é um ancestral que pensa através de nós — de modo inconsciente —, com suas feridas e adjacências, com suas sabedorias que se expressam como legado de valores.

Criar condições de mensurar crenças obsoletas, pescar os vieses de possíveis arrogâncias culturais e liberá-los com certeza ajudará no exercício do bem-pensar. Para que isso seja possível, se faz necessário utilizar ferramentas de escuta profunda, é preciso tornar-se mais íntimo de momentos de contemplação. Como um caçador na floresta que se põe na espreita, para conhecer os hábitos e a rotina da caça, o bem-pensar exige liberdade e abertura de auto-observação. Observar sem julgar. Observar sem preconizar. Observar sem fantasiar.

Há uma história antiga, de domínio popular, que ilustra bem esse princípio.

Em uma aldeia antiga, havia dois irmãos que empreenderam uma jornada em busca do precioso cocar tecido por Tupã. Naquela cultura, receber esse cocar era o ápice do mérito para um guerreiro, uma prova da força e nobreza, por isso era o mais profundo anseio de todo guerreiro.

Tupã, o grande senhor dos destinos, proclamou que o cocar seria concedido àquele que demonstrasse clareza, integridade pessoal e coerência nas palavras, firmando assim um compromisso que transcendia a mera estética do adorno. Os dois irmãos partiram, guiados pela promessa de tal tesouro, com o firme propósito de honrar essa dádiva.

Uma semana se passou, e o dia da decisão chegou. No mesmo momento em que uma cerimônia de homenagem a Tupã ocorria no opy, a aldeia vizinha anunciava o "awati-açu", a festa do milho, repleta de prazeres terrenos como alimentos saborosos e o cauim, a bebida que embriagava. O irmão mais novo, ardiloso em sua ambição, convenceu o irmão mais velho a participar da festa e ignorar a cerimônia sagrada.

Enquanto o irmão mais velho seguiu o caminho da alegria e descontração, o outro irmão dava a entender que mergulhava nas profundezas da espiritualidade, cumprindo o compromisso assumido com Tupã. Escondendo uma angústia interior, pois na verdade queria mesmo é estar na festa. A Lua passou e os dois irmãos foram encontrar Tupã.

Ao questionarem Tupã sobre a decisão, a resposta veio como uma revelação surpreendente: o cocar seria concedido ao irmão mais velho. O motivo? A autenticidade que transpareceu quando, mesmo na festa, ele se entregou à diversão, sem que pensamentos divergentes o atormentassem.

O irmão mais novo, perplexo, argumentou com sua dedicação à cerimônia sagrada em homenagem a Tupã. Contudo, a resposta divina foi clara: apesar de fisicamente estar presente na cerimônia, sua mente estava perdida nos encantos da festa do milho. A coerência de propósito e a autenticidade de coração, elementos fundamentais para Tupã, definiram o destino cobiçado através de nós, com suas feridas e adjacências, com suas sabedorias que se expressam como legado de valores.

Muitas vezes é um pensamento turvo que expressamos sobre algo ou alguém, poluído de toxicidades momentâneas ou daquelas aderidas pela passagem do tempo em nosso ser. Por isso temos que constantemente aprender a separar em nossa consciência o que são os pensamentos genuínos, aqueles que se originam da sua natureza de ser (Nhandereko), daqueles que são de opiniões alheias, do inconsciente coletivo, das feridas ancestrais ou das toxicidades adquiridas.

Praticar o bem-pensar não quer dizer considerar os pensamentos próprios como melhores que os do outro e nem os do outro como superiores, mas considerar haver uma escuta profunda no pensar, que seja capaz de atravessar camadas obscuras e difusas do raciocínio superficial.

Tanto quanto pensar exige habilidade envolvida, para o exercício do bem-sentir é necessário falar com o coração. Não a todo momento ou em qualquer lugar, mas naquele lugar em que a situação exige. Confesso a você, caro leitor, que meus mais de trinta anos de prática ainda não foram suficientes para fazer isso com naturalidade: compartilhar sentimentos. Por motivos imemoriais, boa parte de nós, seres humanos, ainda não sabemos movimentar nossos sentimentos com maestria. Saber sobre o Nhandereko me ajudou bastante porque me conectar com o percurso da alma trouxe informação sobre qual sentimento é dominante

Segundo a sabedoria ancestral, todos os sentimentos decorrem de quatro emoções básicas negativas: o medo, a raiva, a tristeza e o desamparo; e quatro positivas: a paz, a alegria, o amor e a harmonia. Oscilamos entre essas qualidades e criamos combinações diversas a partir delas. Pena Branca nomeia como "yvirá-nhanemô", a árvore de sentimentos que cada um de nós possui.

Se nos identificamos demais com qualquer uma delas a ponto de gerar uma fixação, isso causa problemas. Se não aprendemos a lidar com elas, sem negá-las, isso também causa problemas. Portanto, expressá-las em momentos oportunos e desenvolver habilidades para lidar com elas é saudável. O bem-sentir não é necessariamente ter a obrigatoriedade de se sentir bem sempre, mas o desafio de não cultivar sentimentos tóxicos em decorrência, muitas vezes, de ficar preso em uma situação indesejável, mental e emocionalmente, como acontece em certas ocasiões em que vivenciamos fortes experiências em nossas vidas.

O bem-sentir inevitavelmente passa pela prática de expor sentimentos para nós mesmos e para os outros, e reconhecer a grande dificuldade que é isso, particularmente para os homens

Aqui trago outra história que nos proporciona uma reflexão sobre o bem-sentir.

Ubiraci era o melhor flecheiro da aldeia. Na verdade, diziam que ele era o melhor de todas as aldeias da grande floresta. Olhar firme. Arco potente. Braço forte. Flecha mortal. Nas jornadas de caça, ele fazia questão de mostrar suas habilidades somente para ver os companheiros de boca aberta diante de sua mira perfeita.

Um dia correu uma notícia, trazida por um pajé, que não era bem uma notícia, mas um ensinamento do ancião, quando lhe perguntaram o que poderia ser mais poderoso e destruidor para o ser humano, e ele respondeu:

— O demônio do mal.

Ao ouvir essa notícia, Ubiraci ficou muito incomodado por saber que alguém poderia ser mais poderoso do que ele, e saiu em busca do demônio do mal. Foi em direção a Jakairá, o grande espírito do norte, e perguntou:

— Onde mora o demônio do mal?

Um silêncio se fez.

Percebendo que ali não ia ter resposta, foi em direção ao espírito do sul, Yaci, e perguntou:

— Onde mora o demônio do mal?

O murmúrio do rio ao lado parecia falar sua indiferença, o que irritou o guerreiro, que fez novamente a pergunta com raiva. Como resposta, o rio fluiu seu caminho. Ubiraci então rumou para o leste e perguntou ao espírito do Sol:

— Grande Sol, morada de Tupã, com meu arco e minha flecha eu vou destruir o demônio do mal. Me diga onde fica sua morada.

O Sol disse:

— Não é possível com o arco e nem com a flecha.

Sentindo-se desafiado, Ubiraci ficou mais irritado e saiu, batendo firme os pés. Agora era questão de honra provar a Tupã, porque toda a floresta o considerava o melhor flecheiro de todos os tempos. Foi em direção ao oeste.

— Sagrado Espírito do Oeste, Sagrada Mãe Terra, onde mora o demônio do mal?

Um macaco que passava deu uma gargalhada.

— Onde mora o demônio do mal? — uma coruja que voava piou.

— Onde mora o demônio do mal? — esbravejou Ubiraci, babando de ódio pelo silêncio da Mãe Terra.

Logo depois ele se viu solitário e começou a chorar de tristeza. A tarde foi embora e, quando a noite chegou, preencheu-o de medo. Vendo todo o transtorno de Ubiraci, a Mãe Terra então falou:

— Eis aí o demônio do mal.

Ubiraci então se viu debruçado sobre o chão.

— O quê?

— Eis aí o demônio do mal...

Diante de seu arco e flechas jogados ao chão, ele percebeu de onde vinha o mal, se arrependeu, voltou-se de joelhos para o chão e pediu perdão à Mãe Terra.

— Perdoe a si mesmo e siga. Agora você conhece de onde vem o mal.

O bem-fazer se relaciona a vários aspectos de nossos comportamentos. Um deles é a coerência entre o falar, o sentir e o fazer. Quando há coerência entre nossas ações, sentimentos e pensamentos, há uma força e um fluxo poderoso que nos impulsionam para uma expressão contagiante em nossas vidas. No entanto, essa coerência deve ser acompanhada de sabedoria, pois do contrário é destruidora. Existe uma pedagogia nos ritos que nos ajuda a reconsiderar comportamentos exclusivamente impulsivos; normalmente são estes que manifestam uma ação inconsequente.

O bem-fazer diz respeito à atitude correta, e uma características disso é não ser reativo diante de adversidades ou situações de estresse. Existe a ação baseada na reação. A ação baseada na reflexão. A ação baseada na meditação. As atitudes compulsivas, impulsivas e instintivas são decorrência de comportamentos reativos. As atitudes que passam por aconselhamento, estudo e auto-observação são reflexivas. Aquelas que passam por profunda contemplação, silenciamento interior ou esvaziamento de toda e qualquer e expectativa são meditativas.

O bem-fazer pressupõe treinarmos mais reflexão e meditação. Para isso, temos que desistir da crença de que meditar é somente um ato religioso ou inapto para a vida prática.

Em 1854, o cacique Seatle, do povo Suquamish, recebeu uma proposta de compra das terras nas quais seu povo habitava feita pelo então presidente dos Estados Unidos. Para os colonizadores, era uma questão de negociação. Para o cacique, a autoridade social e espiritual de um povo, coube agir, ou seja, praticar o "bem-fazer" sendo coerente com o seu coração (bem-sentir) e com a sabedoria e conhecimento (bem-pensar) de acordo com as suas raízes ancestrais. A resposta do chefe daquele povo originário foi uma das mais belas e profundas reflexões sobre território que até hoje ressoa incompreensível para o paradigma de pensamento dos invasores das Américas. Ele questiona como alguém pode comprar ou vender o céu, a água e a terra, que são considerados sagrados e uma extensão do próprio ser humano, como uma família em que cada uma dessas comunidades se integram e se conectam por um sistema de interdependência.

CAPÍTULO 10

Tekoá-porã: o triplo lugar que habitamos

A filosofia do bem-viver nos coloca como corresponsáveis pelo lugar que habitamos, tanto o lugar-corpo e o lugar-ambiente quanto o lugar que ocupamos nas nossas relações. Não se trata de um autojulgamento ou autocrítica constante, mas de um certo autoconhecimento da riqueza, complexidade e responsabilidade para com a nossa vida interior.

Desde suas raízes nas culturas dos povos originários da América Latina, especialmente entre os andinos e amazônicos, desenvolveu-se paulatinamente essa visão de mundo, que faz uma abordagem holística da vida, valorizando a harmonia entre os seres humanos, a natureza do cosmos, e nos coloca diante da Mãe-Terra como imenso lar vivo da humanidade e de todos os seres sencientes.

O tekoá-porã propõe um esforço não comum para as nossas atitudes, por termos que lidar de maneira integrativa nas questões ambientais, sociais e espirituais. É isso que torna essa filosofia apta a abordar desafios contemporâneos, em busca de alcançar um equilíbrio sustentável entre os seres humanos e a natureza.

Nesse sentido, é um caminho que requer que se ponha o coração como o mediador das situações, coisas e fatos de nossa existência. Não quer dizer agir emocionalmente, mas sim viver com propósito, autenticidade, compaixão e orientação interior. Como já vimos ao longo dos capítulos anteriores, não é possível considerar o espaço exterior sem levar em conta o espaço interior, e o ponto fundamental para isso é se perguntar: "Vivo uma vida com sentido?". Nosso lugar no mundo pode ter um belo jardim de realizações se o cultivarmos antes em nosso interior, baseados em sentido e propósito.

Neste momento me lembro de uma carta, escrita pelo cacique do povo Seattle, em 1855, a um general que representava os colonizadores que queriam obter suas terras. Sua mensagem reverbera em todas as Américas, como uma afirmação do mais autêntico pensamento dos povos originários. Aliás, a cada parágrafo dela pode-se encontrar os princípios do bem-viver, o que mais uma vez indica que essa é uma sabedoria ancestral de todas as culturas chamadas "pré-colombianas".

Em dado momento a carta diz:

"Tudo quanto fere a terra... fere os filhos da terra. Se os homens cospem no chão, cospem sobre eles próprios.

De uma coisa sabemos. A terra não pertence ao homem: é o homem que pertence à terra, disso temos certeza. Todas as coisas estão interligadas, como o sangue que une uma família".

Por isso, quando falamos em "lugar" não é possível considerá-lo somente como um recurso de extração ou ocupação.

Temos que olhar para o nosso lugar interno e cumprir diariamente uma árdua tarefa de despoluição e desocupação: de vieses, de memórias traumáticas, de feridas ancestrais, de venenos emocionais, para assim ressignificar velhos paradigmas destrutivos e nos conectarmos com o que realmente faz sentido para a nossa vida pessoal e para a vida que é comum a todos.

A filosofia do bem-viver evolui desde tempos imemoriais a partir do combate de terríveis males que espreitam o ser humano e sua comunidade: a doença, a guerra, a fome e a opressão. As ondas oceânicas do século XVI que invadiram os litorais e as montanhas das culturas ancestrais encontraram povos nus em suas culturas, mas que tinham no bojo de seus saberes questões graves a serem combatidas, que iam além da superfície de cor ou raça.

Se observarmos, por exemplo, a mitologia dos Tupinambá, já houve três humanidades anteriores que acabaram se autodestruindo. Em todas elas os seres humanos repetiram padrões de crenças e comportamentos destrutivos, e as forças da natureza, que atuam de acordo com a inteligência sagrada da Mãe Terra, deram fim a cada uma delas.

As narrativas milenares dos Tupinambá dizem que a primeira humanidade foi destruída pelo espírito do fogo, que cuspiu erupções vulcânicas e que foi usado de maneira catastrófica por meio das armas de fogo. A segunda humanidade foi destruída pelos terremotos e pela desolação da Terra, gerando escassez e fome. A terceira humanidade foi destruída pelas águas, em movimentos diluvianos.

Nessas histórias da tradição, não é o ser humano que, diante do caos que plantou devido ao seu mal-pensar, mal-sentir e malfazer, precisa salvar o planeta; na verdade ele precisa salvar-se, individual e coletivamente. A natureza, quando agredida, determina um tempo de reparação e regeneração; caso não aconteça, os Nhandejaras põem-se em ação reequilibradora.

Quando uma parcela de pessoas toma consciência dos quatro grandes males nascidos das ações humanas, põe-se a buscar um lugar apropriado para o reparo interno e externo, a regeneração interna e externa.

A busca da "Terra sem Males" é uma expressão que se origina de um dos fundamentos mais importantes do modo de ser do povo guarani. Em algumas regiões, como o Paraguai, o estado do Paraná e algumas partes do sul da América é chamada de "Yvi Mara Ey"; no Sudeste do Brasil é chamada de "Yvoty Porã", e os termos têm o mesmo sentido. A princípio traz a ideia de um lugar sem pelo menos quatro "males" que vão além dos obstáculos comuns ao bem-viver, que são a doença, a guerra, a fome e a opressão. Vale lembrar aqui que, para a sabedoria ancestral desse povo, o mal não é algo associado a um ente externo que existe por si só.

CAPÍTULO 11

A Terra sem Males

Alguns historiadores e antropólogos achavam que a ideia de busca de uma Terra sem Males teria surgido após o século XVI, com a invasão das Américas pelos europeus, iniciando uma saga histórica de fuga dos invasores com sua gana característica, e que justamente representavam a prática de todos esses males. No Brasil, com o advento dos jesuítas, a partir da fundação de São Paulo, a expressão foi também associada à busca de uma espécie de paraíso terrestre, e mesmo de um "lugar no céu", conforme foi havendo a interpretação de religiosos ocidentais.

No entanto, um dos maiores estudiosos da cultura guarani dos últimos tempos, Bartolomeu Meliá, jesuíta e espanhol de origem, investigou e viu que não era a influência religiosa europeia — no caso, o catolicismo — que havia contribuído para as concepções ocidentais que circundaram o termo, nem um paraíso e nem somente uma fuga do sistema invasor: essa busca já existia milênios antes como parte da cultura guarani.

Existem nuances no modo de ser dos povos originários que não foram percebidas pelos invasores no período de sua chegada pelo mar. Escreveram que nas novas terras "descobertas" havia um povo "sem rei, sem fé, sem lei" porque não compreendiam como as inúmeras civilizações que habitavam grandes extensões de terra — daquilo que veio a ser a América do Sul — com uma incrível diversidade, enormes contingentes populacionais e estruturas sociais não hierárquicas, conseguiam viver "sem dinheiro, sem comércio, sem escravização".

Na comunidade ancestral guarani, para cada um desses males há uma figura que cuida e se responsabiliza para evitar a sua manifestação e propagação. Para a doença há o pajé. Para a guerra há o cacique. Para a fome há o "aña ku'ã vaekue". Para combater a opressão há o "tamãi" e a "tijary". São pessoas que personificam determinadas atividades e funções que zelam pela manutenção da comunidade.

Em épocas muito antigas houve uma divisão no modo de ser da cultura tupi. De um lado, aqueles que não resistiam à tentativa de resolução de conflitos pelo uso da força a qualquer custo, gerando guerras, rivalidades e desencadeando uma grande sequência de relações tóxicas fundadas no cumprimento de vinganças. Do outro lado, aqueles que, diante das adversidades, baseados nas regras do bem-viver e inspirados pelos Tamãi, pelas Tijary e seus caciques, propunham acordos de paz na resolução de conflitos, o que nem sempre resultava no cumprimento deles, causando por vezes a prática de longas jornadas para lugares mais apropriados a fim de manter o seu modo de vida.

Mas, para compreender as motivações dos deslocamentos guaranis, que podem dar a entender que são baseados em fugas, é necessário saber das tarefas e funções da comunidade, regidas pelo bem-viver. A começar pelo fato de que, para haver uma mudança de lugar de morada da aldeia, era condição averiguar o "aña ku'ã vaekue", que diz respeito à melhor época, a que gerava fartura de certos alimentos em determinados lugares, e à terra boa para o plantio dos principais frutos tradicionais: o milho, a mandioca, o amendoim e a batata. Esses alimentos são ainda hoje considerados extremamente sagrados por garantirem a paz comunitária. Com o seu plantio na roça comunitária, não havia fome nem doença e dificilmente haveria motivação para guerra, pois muitas nascem em decorrência da escassez do alimento e da disputa de espaço.

O pajé combate três ordens de doença: aquelas instaladas no corpo físico; aquelas instaladas no corpo de emoções, representadas pelo coração; e aquelas instaladas no "yvirá-nhane" — no sistema de crenças rígido presente no modo de pensar —, quando o ser se torna desvirtuado de si. Foram os antigos pajés que pesquisaram e desenvolveram os meios e as técnicas para combater as cinco coisas que geram os grandes males.

O cacique combate a guerra com sua habilidade de tecer acordos. Segundo Pena Branca, para tudo há um acordo. Viver em comunidade é viver dentro de uma rede de acordos.

— O melhor acordo é aquele que for o mais simples, o mais claro, o mais possível de ser executado e aquele que for o mais próximo de sua responsabilidade.

Para ele, a arte do acordo era desenvolver a habilidade de equilibrar responsabilidades.

Tijary, normalmente uma avó, que sonhava caminhos possíveis, tinha como missão cuidar da liberdade da comunidade e muitas vezes acompanhava o cacique nas reuniões de acordos. A liberdade era garantida se as partes e o conjunto estivessem conectados com os princípios do bem-viver, que balizavam todas as reuniões.

A produção de uma guerra é algo totalmente fora de qualquer lugar na natureza. Já escutei Pena Branca dizer:

"Observe a natureza, você já viu algum bicho promover guerra?", ou "Você já viu na floresta uma árvore guerrear com outra por ser diferente?". Para ele, a fome também é inconcebível, porque a Mãe Terra provê todos os seres de todas as maneiras para todas as coisas de que precisam: alimento, morada, conforto.

Tijary Warejú, a sonhadora de caminhos, me ensinou uma vez:

— Os animais e as plantas não produzem guerras porque eles não possuem nenhuma das cinco coisas que fazem distorcer a consciência: não têm orgulho, nem dúvida, nem ficam fixados nas suas feridas, nem ignoram sua origem, nem desenvolveram repugnância pelas outras espécies.

A opressão, ou seja, o desenvolvimento da capacidade de um ser humano subjugar outro ser, tolher sua liberdade e chegar ao extremo de escravizar, foi uma das maiores insanidades criadas pelo ser humano. No século XVI, quando o português João Ramalho viveu com os Tupinambá, estes tinham o hábito de guerrear com outros povos originários, que por motivos diversos — muitas vezes baseados no orgulho ou no medo — criaram inimizades que levaram ao embate. Foi uma época terrível para as nações locais, que viviam em uma situação de vingar mortes ancestrais uns dos outros sem nem sequer saber mais o motivo original da guerra.

Quando perguntei a Tijary Warejú, que continuava a sonhar novos caminhos possíveis para o seu povo, se um dos motivos para isso era o fato de que os colonizadores haviam trazido para cá a doença, a guerra, a fome e a opressão, ela me disse:

— Trouxeram coisa pior.

— O quê? — perguntei.

— Envenenaram o ar, que cuida do bem-pensar. Envenenaram as águas, que cuidam do bem-sentir. Envenenaram a terra, que cuida do bem-fazer da frutificação dos alimentos que necessitamos para manter a vida no corpo.

Por isso os avós de sabedoria ensinam que devemos nos manter bem próximos da natureza quando possível, e quando não for possível devemos manter viva a memória da natureza a partir de nosso interior, zelando pela sua presença, combatendo as coisas que geram os grandes males.

O segredo é cuidar das três portas: o bem-pensar, o bem-sentir e o bem-fazer. Cuidando delas, combatem-se as cinco coisas que destroem a consciência do ser humano — ignorância, orgulho, dúvida, fixação e repugnância; elas estão no turbilhão de nossos próprios sentimentos e por vezes escondidas em nosso sistema de crenças. São elas que obscurecem o bem-pensar, o bem-sentir e o bem-fazer.

Pena Branca me ensinou práticas que podem contribuir para minimizar seus efeitos a fim de cultivar o bem-viver. Algumas são realizadas diariamente pela comunidade, normalmente ao anoitecer, quando se reúnem no opy (a casa de rezas).

Uma delas é o tarová, cânticos entoados pelo círculo de pessoas em ritmada dança — chamada de "jeroky" — que se trata de vocalizações ritmadas de vogais, cujas vibrações convocam as entidades da natureza a purificar e abençoar a consciência dos participantes. Há também as "nhemporã-tenondé", verdadeiras orações de reconhecimento e gratidão à Mãe Terra, ao solo que dá alimento e morada, às águas que dão vida, ao ar que nos mantém vivos, a luz do fogo e do calor que nos anima e aquece.

CAPÍTULO 12

Como viver o bem viver

A partir daquele dia em que fui convidado a olhar uma planta crescendo, em meio ao verde úmido de toda uma floresta, sentindo os aromas das manhãs, das tardes, os ruídos das noites e os dias fazendo a passagem do broto até ela se tornar um forte arbusto com seus galhos buscando o Sol e o céu, passei a entender que não é o tempo que faz a vida acontecer, mas há um mistério que anda de mãos dadas com o tempo e faz as coisas acontecerem juntas.

No caso do ser humano, enquanto o tempo passa, aprendi que o que fazemos com ele é responsabilidade nossa. Uma vez Pena Branca me trouxe um ensinamento que tocou fundo no meu coração:

— Meu filho, o plantio é livre, mas a colheita é obrigatória; o que você plantar com os seus pensamentos, os seus sentimentos e as suas ações no mundo, vai brotar. Por isso, é importante seguir os passos do bem-viver.

Aprendi que somos palavra-alma, que o vibrar molda nossa realidade emocional, e que escolher cuidadosamente nossas expressões é como tecer uma rede delicada nos fios da consciência. Cada frase pode ser uma poesia que ressoa no coração, influenciando não só o que sentimos, mas também o que criamos ao nosso redor; ou uma flecha com aguçada ponta que pode ferir as partes mais intrincadas do nosso corpo de sentimentos.

A grande música da vida tem coerência como uma melodia que ressoa na alma. Pensar, sentir e fazer tornam-se notas interligadas, criando uma harmonia que ecoa além dos limites do "eu". Quando alinhamos nossas intenções com nossas ações, e nossas emoções com nossos pensamentos, emergimos como artistas da existência, pintando o mundo com cores vibrantes de autenticidade.

Ao longo de uma década imerso na convivência com os Guarani, o destino teceu para mim uma jornada por oito aldeias, começando no Sudeste do Brasil e seguindo em direção à divisa com o Paraguai. Como um tatu curioso, inconscientemente guiado pela busca dos alicerces que sustentam o tekoá-porã, eu vagava. Dependendo do lugar e do aprendizado que surgiam, me detinha por mais tempo, como quem desvenda segredos escondidos.

Nessa peregrinação, mergulhei nas entranhas da história de um povo, testemunhando seus dramas, compartilhando suas dores e absorvendo saberes. Cada aldeia tornou-se uma página viva de um livro ancestral, cujas memórias se desdobravam diante de mim, enquanto me inspiravam certas reflexões.

Não me lembro quando, mas em um dia em que observava um grafismo estampado em uma maraca — o objeto mais tradicional do meu povo —, em uma aldeia que visitava, percebi um padrão que se repetia no desenho talhado na face amadeirada do instrumento. Uma cor preta transmitia uma força para aquela superfície lisa, redonda, impondo suavidade e contrastando assim o objeto. Era um entalhe de três círculos.

Perguntei o que era e imediatamente uma voz me respondeu: o "ayvu rapyta" — os fundamentos do Ser — é a cosmovisão que origina os princípios do bem-viver. Cada círculo tem um significado:

- Círculo central: ayvu — o mundo do alto, o lugar do sopro da emanação, da origem de tudo que há. A dimensão espiritual da vida.
- Círculo intermediário: nheng — o mundo do meio, lugar da alma, do oceano vibratório da

vida, onde habitam os Nhandejaras (espíritos dos quatro elementos: terra, água, ar e fogo) e os seres encantados.
- Círculo externo: bô — o mundo de baixo. Lugar da matéria, do corpo, das formas e dos povos encarnados: humano, animal, vegetal e mineral.

São esses três círculos que emanam e interagem permanentemente, inspirando o bem-pensar, o bem-sentir e o bem-fazer. Era a cosmovisão tupi-guarani que se apresentava, protegida pelo grafismo da maraca, vestida na simplicidade daquele símbolo. São os três mundos que influenciam os quatro princípios de vida mantidos como uma tradição: o princípio da Mãe Terra, o princípio das ancestralidades, o princípio das hospitalidades, o princípio da reciprocidade.

Tempos depois, algo surpreendente iria me acontecer. Foi em outra dessas noites em que o destino me capturou e me colocou sob um céu noturno formando uma espiral de estrelas, apontando um longo caminho celestial, que mais parecia uma serpente de luz ilustrando o momento em que reencontrei Ramon Quechua, parceiro — naquele instante — do caminhar sob a via láctea.

Ao olharmos o Cruzeiro do Sul, ele me disse que o principal desenho que configura a visão de mundo de seu povo, chamado de "chakana", é uma representação dessa constelação, grafada de tal maneira a apresentar três degraus, significando os três mundos.

Pensei: "Seria uma coincidência?". Ele me disse que a palavra "chakana" se refere ao conceito de escada, que une as palavras "chaka", que significa ponte, e "hanā", que significa alto, ou seja, ponte para o alto. Para realizá-la, há três degraus, ou mundos, que são:

- "Hanan Pacha": o mundo superior, associado ao plano espiritual. Hanan Pacha está relacionado aos deuses, ao céu e às energias divinas. Representa a dimensão espiritual da existência e a conexão com o divino. Morada dos deuses Inti e Mama Killa.
- "Kay Pacha": este é o mundo do meio, que, diferente do olhar guarani, representa o plano terrestre ou material. Kay Pacha está associado à vida cotidiana, à natureza, às interações humanas e aos elementos tangíveis da existência. Representa o mundo em que vivemos e a interação entre o espiritual e o material. Morada das forças da natureza, entidades que se expressam por meio dos quatro elementos: terra, água, fogo e ar.
- "Uku Pacha": este é o mundo inferior, que, além do plano material, está associado também à dimensão subterrânea e à espiritualidade profunda.

Uku Pacha está ligado à sabedoria ancestral, à conexão com as energias espirituais que sustentam a vida e à compreensão das raízes mais profundas da existência. Pode-se também associá-lo ao subconsciente ou ao inconsciente coletivo.

Essa similaridade de cosmovisões, na qual a chakana também traz a ideia dos "três mundos" — embora com sua particularidade — e o sentido da conexão e equilíbrio entre o Pai Céu e a Mãe Terra, trazendo a informação de que esses planos estão interligados e que a harmonia entre eles é essencial para uma vida equilibrada e significativa, mais uma vez afirmava a abrangência de uma sabedoria ancestral das Américas. Novamente me vem a imagem de longas trilhas ancestrais que conectaram todas essas culturas no passado.

O reencontro com Ramon Quechua foi marcante por essa revelação.

Foi naquela ocasião que ganhei dele uma pena preta de condor. Esse momento imediatamente me arrebatou para a memória do dia em que havia sido presenteado com uma rara pena branca de gavião do meu adotivo avô guarani, que me disse:

— No dia em que receber outra pena, oposta a essa, você vai entender a grande sabedoria de toda esta terra sagrada.

Ramon Quechua era filho de um "yachac", e seu avô também fora um. Eles tinham como habilidade a arte de "ver". Viam a aura das pessoas, e por meio dessa visão diagnosticavam possíveis desequilíbrios e ofereciam cura. Ramon tinha como habilidade e trabalho principal a escultura. Esculpia em cobre as divindades incaicas. Inti, a divindade do Sol; Killa, a divindade da Lua; Pachamama, a Mãe Terra, entre outras. Ele dizia que em épocas antigas os seus antepassados esculpiam em ouro, mas, com a chegada dos invasores e o saqueamento de seu povo e o quase extermínio de sua cultura, acabaram mudando para o cobre.

A semelhança das cosmovisões se desdobrava também nos princípios orientadores do desenvolvimento da consciência. Roman Quechua dizia que para seu povo era fundamental o aprimoramento de três aspectos do ser: o "yachay" (o saber), o "munay" (o amor) e o "llankay" (o trabalho). Para mim, isso de certa maneira coincidia com o bem-pensar, o bem-sentir e o bem-fazer.

Esses três princípios, llankay, munay e yachay, juntos formam uma abordagem integrada para a vida na cosmovisão quechua, destacando a importância do equilíbrio entre a ação prática, o amor compassivo e a busca de conhecimento para uma existência plena e significativa. Além disso, a chave-mestra na relação com as pessoas consiste na atividade do "ayni", a reciprocidade.

Quando recebi das mãos de Ramon Quechua a pena de condor, mais do que um presente, era a prática ayni em ação. Um gesto que é muito mais que um presente, uma troca ou um reconhecimento. Um hábito fundado no bem-viver, que também dá sentido profundo para reconhecermos a interconexão entre todos e entre tudo e sobre como um gesto cooperativo garante a estabilidade das relações.

Como podemos agir no mundo?

Como fazer bons plantios em nossas vidas? Tendo em vista que a colheita é obrigatória, como podemos caminhar no fluxo do tempo e da vida de modo mais saudável para nós e para as futuras gerações?

Em primeiro lugar, na minha opinião, observando qual cosmovisão fundamenta nossos valores e nossas crenças. Em segundo lugar, tomando ciência dos princípios que regem o sistema que estrutura o nosso ser no mundo. No caso da tradição ancestral das Américas, os princípios são:

- **Nhandecy:** a terra como mãe. Esse princípio destaca a terra como mãe, uma entidade viva, uma inteligência que transcende a mera metáfora. Reconhecer a terra como mãe não apenas estabelece uma conexão profunda com a natureza, mas também implica um compromisso de gratidão e cuidado. O Nhandecy amplia a noção de propriedade e a humaniza, destacando a importância da gratidão e do cuidado como o primeiro compromisso para com a Mãe Terra.

- **Avã-Mokoi:** as três camadas da ancestralidade. Esse princípio, a partir do ayvu rapyta, revela três dimensões de ancestralidade: a genealógica, a dos seres da natureza e a divina. Os Guarani reconhecem não apenas seus antepassados consanguíneos, mas também consideram as árvores, os rios e as pedras como avós. Essa abordagem ampliada da ancestralidade destaca a interconexão de todos os seres e a importância de honrar a natureza não somente para manter o equilíbrio da família humana, animal, vegetal e mineral, mas também reconhecendo que essa comunidade múltipla descende de uma terceira ancestralidade, que é sua origem espiritual, imensurável, intangível, que se presentifica em tudo que há, em todas as formas de vida e que promove os ciclos da existência.
- **Mbopi:** reciprocidade. Esse princípio destaca a hospitalidade como a chave para o aperfeiçoamento nas relações. Ao acolher diferentes povos ao longo dos séculos, os Guarani demonstram que

somos todos parentes, transcendendo barreiras étnicas e culturais. O Mbopi desafia a sociedade contemporânea a acolher a diversidade com abertura de coração, destacando que a evolução ocorre nas relações e a partir de si mesmo. Somos seres que podemos adquirir conhecimento a partir de nós mesmos, mas a ampliação desse conhecimento em sabedoria se dá na vivência e experiência com o outro, com o diverso, com o Todo.

- **Puxirum:** cooperação. Esse princípio é a essência da cooperação. Expresso por meio do mutirão, o Puxirum destaca a importância de ajudar uns aos outros na construção de casas, templos e até mesmo na plantação de roças. O princípio da ajuda mútua é uma tradição que influenciou não apenas os Guarani, mas também a sociedade brasileira como um todo. Por meio do exercício da cooperação é que nos tornamos definitivamente humanos, podendo evoluir para uma dimensão verdadeiramente sustentável de humanidade.

As práticas para o bem-viver

Dizer que cada atividade que realizamos em nossa casa, em nosso ambiente e em nossas relações causa um impacto no mundo inteiro parece uma metáfora ou uma parábola para alguma lição ética ou moral, mas não é. Trata-se da consideração de que há uma lei da natureza que diz que tudo está ligado a tudo, como uma rede interdependente, da menor coisa para a maior e da maior para a menor.

Creio que essa seja a primeira condição para traduzirmos a filosofia ancestral do bem-viver para uma dimensão prática, para o dia a dia neste momento de vida em nosso contexto civilizatório atual. Transformar a luta pela sobrevivência em um fluxo da bem-vivência implica inicialmente compreender esse fundamento da natureza de tal maneira até haver uma assimilação profunda em nosso pensar, sentir e agir.

O bem-pensar e a meditação

A prática da empatia emerge como uma ferramenta essencial, promovendo conexões genuínas com os outros. Ao agir com bondade e compreensão, construímos um tecido social mais harmonioso. O respeito à natureza torna-se parte integrante desse processo, incentivando escolhas conscientes e sustentáveis.

Temos o hábito de "não pensar antes de pensar", que pode ser interpretado de diferentes maneiras, mas geralmente se refere a agir impulsivamente, sem reflexão prévia ou consideração sobre as consequências, em situações em que as ações são guiadas principalmente por impulsos imediatos, sem uma pausa para a análise racional, em que uma ação pode expressar um comportamento reativo e instintivo. Quando alguém "não pensa antes de pensar", isso pode resultar em decisões apressadas, respostas emocionais descontroladas e escolhas que não consideram completamente a situação em questão. Essa abordagem pode levar a resultados imprevisíveis e, em alguns casos, a arrependimentos.

No entanto, é importante notar que existem contextos em que agir de forma instintiva e rápida pode ser necessário, como em emergências. A chave está em encontrar um equilíbrio saudável entre a resposta instintiva e a ponderação consciente, adaptando o modo de pensar às demandas específicas de cada situação. Diversos fatores podem influenciar a tendência de uma pessoa para agir sem uma reflexão prévia, como o nível de estresse, emoções intensas, a pressão do tempo ou a falta de hábito de considerar as consequências a longo prazo.

Para lidar com essas situações em momentos-limite, temos que trabalhar a musculatura da mente, e a ferramenta para isso é a meditação. Muita gente vê a meditação como uma coisa ligada à espiritualidade ou a uma filosofia oriental. Na verdade, ela é como uma sala de ginástica onde estão diversos aparelhos disponíveis para apoiar o desenvolvimento da musculatura do bem-pensar. Assim como o corpo precisa de uma hora de treino e atividade para estar bem, a mente precisa do usufruto dessa ferramenta interior por pelo menos por dez minutos diários.

Por isso sugiro a prática da espreita e do intento, mas você pode escolher em um cardápio variado, disponível no mundo pelas mais diversas culturas. Experimente! É importante notar que a capacidade de pensar antes de agir pode ser aprimorada com o tempo e a prática. A promoção da consciência, da autorreflexão e da gestão emocional pode ajudar as pessoas a desenvolverem uma abordagem mais ponderada em relação às suas ações

O bem-sentir e a autenticidade

O bem-viver implica uma mudança na mentalidade, cultivando uma consciência de flexibilidade em resposta à rigidez fixada em vieses segregadores, extremistas e dogmáticos. Implica o desenvolvimento de uma inteligência emocional, que nos torne capazes de sair da condição de "crianças birrentas" diante de reveses para nos tornarmos "adultos conscientes" do poder dos sentimentos, dos afetos e dos desafetos.

Nesse sentido, a prática da empatia emerge como uma ferramenta poderosamente essencial, promovendo conexões genuínas com os outros. Para isso, ela pressupõe conhecer melhor a sagrada inteligência do coração e seus níveis para desenvolver a habilidade de se posicionar no ponto mais elevado.

Uma prática que nos ajuda a fortalecer a conexão nas frequências emocionais mais altas é justamente se tornar mais presente diante da natureza. Os sons de uma floresta, a elegância de um parque, os rumores dos rios, os assobios de ventos amenos promovem a elevação dos nossos estados emocionais. Com uma convivência mais consciente com a própria natureza, a nossa capacidade de síntese e de expandir a compaixão se amplia gradativamente.

Mas sermos sinceros e atentos na expressão dos nossos sentimentos conosco e com nossas relações é "a prática da prática". Ser autêntico consigo mesmo e com os outros, cultivando a honestidade emocional e aceitando nossas vulnerabilidades, faz parte de uma proposta de desenvolvimento contínuo da qualidade de nossas ações. Nos tornarmos observadores dos nossos estados emocionais para aprender a lidar com eles também nos torna aprendizes do caminho do coração.

O bem-fazer e a coerência

A sociedade contemporânea mede as pessoas pelo "fazer". Isso está tão arraigado na cultura humana que, quando alguém é apresentado a outra pessoa, normalmente a segunda pergunta depois de "qual é o seu nome?" é "o que você faz?". De modo que podemos refletir se a pergunta não poderia ser "o que você é?".

O segredo do bem-fazer está relacionado com o quanto se conhece suficientemente o ser. Quanto mais obscuro o nosso ser interior se apresenta em cada um de nós, mais teremos a tendência de agir de maneira inapropriada. Portanto, uma prática adequada para o bem-fazer é permitir-se momentos de não fazer, para refletir buscando a conexão consciente com o nosso agir no mundo, observando os nossos ritos cotidianos. Existem ritos em nossa rotina que podem ser totalmente dispensáveis se servirem para a manutenção de preconceitos ou vieses distorcidos de nossa relação com o mundo.

Os estudos da ciência do comportamento humano dizem que ele é influenciado por uma combinação de instintos, experiências de vida, aprendizado social e fatores culturais. Enquanto alguns podem ter raízes em impulsos naturais, a complexidade da mente humana permite uma ampla gama de respostas a diferentes situações.

Entender as próprias emoções e gatilhos que podem levar a comportamentos impulsivos, estar atento aos sinais físicos e emocionais que precedem a impulsividade, desenvolver o hábito de fazer uma pausa antes de agir, especialmente em situações emocionais, e usar esse momento para refletir sobre as possíveis consequências de ações, tudo isso vai propiciar maior coerência entre o pensar, o sentir e o agir.

No coração da filosofia do bem-viver, a natureza da impermanência que o mundo material nos apresenta, como o fluxo de um rio, deve ser acolhida como um elemento inescapável da jornada humana. Ao abraçar a constante mutabilidade da vida, podemos ser tocados por uma melodia de apreciação do calor que transcende o efêmero de cada momento e penetrar na consciência da própria Mãe Terra tecendo sua rede sistêmica, como uma sinfonia inspiradora que ressoa em nossos corações.

Os obstáculos se transformam em degraus evolutivos, desafiando-nos a crescer, a desenvolver resiliência e adaptabilidade. A cada reviravolta, a jornada se torna mais do que uma busca por equilíbrio, mais uma dança entre mente, emoção e comportamento. Trata-se de uma jornada não apenas de sobrevivência, mas de florescimento emocional e espiritual, na qual cada passo é uma nota na melodia única de nossa própria história.

APÊNDICE

As práticas do nanduti e o sistema amana

Aprendi uma prática individual que tem sido eficiente em minha vida. Trata-se de uma atividade meditativa chamada "nanduti".

A prática do nanduti

Os antigos caçadores desenvolveram a habilidade denominada de nanduti na língua guarani, que se trata de espreitar, observar atentamente, em local apropriado, as trilhas, pegadas e cheiros, para identificar a caça. No nosso caso, trata-se da auto-observação de si mesmo, de suas próprias emoções, do fluxo de seus pensamentos e de aos poucos se tornar mais consciente de si mesmo e de sua vida interior, repleta de significados e memórias, mas buscando um distanciamento de "fixações" que reduzam a percepção das situações ao seu redor.

O nanduti tem como objetivo observar as três camadas do pensar, o fluxo do sentir e a estabilidade do não fazer. A retirar-se em si mesmo, fechando os olhos, após uma respiração profunda como um marco inicial, um olhar auto-observador se faz, e você irá perceber as três seguintes camadas:

1. **Nhem-nhem-nhem:** o burburinho mental, os ruídos dos inúmeros pensares acontecendo na mente. Após um certo tempo interior, verifica-se a camada seguinte.
2. **Paná-paná:** trata-se de uma expansão de possibilidades perceptíveis; os cinco sentidos se rendem às percepções internas. Paná-paná a princípio significa um coletivo de borboletas, uma metáfora para esse estágio da mente em que imagens, cores e vozes internas se ampliam e começamos a nos perceber enquanto energia.
3. **Mbaekuá:** o apaziguamento da mente, que pode entrar em um relaxamento para em seguida se conectar com a serenidade interior.

Essa prática nos deixa mais predispostos a combater as cinco coisas que geram os grandes males em uma ampliação de percepção de quatro estágios de conquista:

1. **Estágio do Ayvu-porã:** o Ayvu-porã nos fala que cada um de nós ocupa um lugar sagrado, a dedicação ao cultivo desse lugar, ao mesmo tempo reconhecendo o lugar do outro, é como um antídoto para a germinação do orgulho, enfrentar o orgulho praticando a humildade. Acolher a ideia de que todos têm algo a ensinar e algo a aprender. Quando realmente reconhecemos nossos limites e nossos potenciais, abrimos uma disposição para admitir vulnerabilidades, mas também para reconhecer nossa força interior.

2. **Estágio do Mbaepá:** o desenvolvimento da capacidade de combater a dúvida desenvolvendo a autoconfiança, começando por reconhecer as próprias habilidades disponíveis, é um desdobramento do Ayvu-porã. O Mbaepá também fala em não temer erros, cuidar somente para a insistência em repeti-los.

3. **Estágio do Kunan:** o desenvolvimento da capacidade de superar a tendência à fixação em situações e fatos que geraram mágoas, feridas, traumas ou pontos de vista e opiniões redutores de percepção,

desenvolvendo a flexibilidade mental. Trata-se de estar disposto a rever ideias e perspectivas à medida que novas informações e experiências se apresentam.
4. **Estágio de Aty-porã:** é possível combater a repugnância praticando a aceitação. Reconheça que as diferenças existem e são uma parte natural da diversidade humana. Desenvolva a empatia e a compaixão.

No rio da existência, a emergência prática do bem-viver ergue-se como um chamado à contemplação, convocando-nos a refletir sobre a intrínseca teia que entrelaça a humanidade com o meio ambiente e as comunidades que a envolvem. Alimentada pelas raízes profundas das tradições indígenas e das filosofias ancestrais, essa abordagem sutilmente instiga a busca por um equilíbrio sustentável entre a trama complexa dos seres humanos e a natureza, enaltecendo valores como harmonia, solidariedade e respeito mútuo.

A senda em direção ao bem-viver transcende as fronteiras culturais, delineando um caminho coletivo em direção a um estilo de vida imbuído de consciência, ética, e centrado na riqueza das relações humanas e na salvaguarda preciosa da nossa Mãe Terra.

Nesse cenário, o bem-viver não se encerra como prática individual, mas ressoa como um convite majestoso a repensar, de forma coletiva, nossas escolhas e ações, vislumbrando assim um futuro mais equitativo, justo e sustentável para toda a humanidade. Essas práticas permitem acessar e sedimentar os fundamentos e princípios do bem-viver.

Entre as camadas que sustentam o ser que somos, o "amana", o sistema vivo que faz movimentar a natureza, reverberam os oito padrões da existência, cada um com seus obstáculos peculiares.

Os oito padrões da existência

1. Moara (gerar)

O que é gerar? É um conceito que envolve a origem e a transformação de algo, seja na natureza, na cultura ou na consciência. Gerar é um ato de criatividade e de responsabilidade, pois implica dar vida, forma e sentido a algo que antes não existia ou que pode ser modificado.

Gerar é um processo dinâmico e contínuo, que envolve diferentes agentes e fatores, como Nhamandu, o mistério supremo, Tupã, o raio criador, e Moara, o princípio gerador. Gerar é também uma forma de expressão e de comunicação, pois através do que geramos podemos transmitir nossas ideias, sentimentos e valores. Gerar é, enfim, uma forma de participar da criação do mundo e de contribuir para o seu desenvolvimento.

Os principais obstáculos que se opõem a gerar uma ideia são a falta de criatividade, a resistência à mudança, o medo do fracasso e a falta de apoio. A criatividade é a capacidade de combinar elementos conhecidos de forma nova e original, e depende de fatores como a curiosidade, a imaginação, a flexibilidade e a motivação. A resistência à mudança é a tendência a manter as coisas como estão, evitando o risco e a incerteza. O medo do fracasso é a sensação de ansiedade e insegurança diante da possibilidade de não atingir os objetivos ou as expectativas. A falta de apoio é a ausência de recursos materiais, humanos ou emocionais que facilitem o processo criativo.

Esses obstáculos podem ser superados com estratégias como buscar inspiração em fontes diversas, experimentar novas perspectivas, aceitar os erros como oportunidades de aprendizagem e buscar feedback construtivo.

2. Tekeí (cuidar)

Através da Mãe Terra, em sua natureza essencial, o movimento seguinte ao gerar é cuidar.

No reino mineral, a superfície e as paredes são claramente uma proteção, um cuidado, uma delimitação de toda uma infinidade de minerais e metais da Terra. No reino animal e humano, o cuidar se manifesta por meio da pele que recobre e protege o corpo, do pelo e das unhas que aquecem e cumprem o papel de defesa.

Existe uma inteligência do cuidado atuando o tempo todo, ter cuidado, tratar de assistir ou proteger alguém ou algo, por exemplo, cuidar das plantas, cuidar dos animais, cuidar da saúde, cuidar dos filhos. Cuidar também pode significar pensar, imaginar, supor ou meditar sobre algo, como cuidar dos seus planos, cuidar das suas palavras, cuidar do que diz.

Os obstáculos em relação a cuidar são muitos e variados. Alguns são de ordem prática, como a falta de tempo, de recursos ou de apoio. Outros são de ordem emocional, como o medo, a culpa ou a vergonha. Cuidar de si mesmo e dos outros requer uma atitude de autoconhecimento, de compaixão e de responsabilidade. Não é fácil, mas é possível e necessário.

Cuidar de si requer coisas como reconhecer a vulnerabilidade do corpo e promover os meios preventivos para sua saúde. Requer lembrar constantemente sobre o poder daquilo que nomeamos a respeito de nós mesmos e do outro. Nomear é qualificar. Cuidar requer olhar para dentro de nossas raízes ancestrais para vitalizar aquilo que dará bons frutos.

3. Akakuwa (crescimento)

A natureza nos mostra que o crescimento é um fenômeno complexo e diverso. Existem diferentes formas de crescer, tanto no plano físico quanto no plano espiritual. O crescimento exterior é aquele que se manifesta na aparência, na forma, na expressão. É influenciado pela luz, pelo solo, pelos elementos. O crescimento interior é aquele que se revela na essência, na substância, na compreensão. É estimulado pela meditação, pela reflexão, pela ponderação

O ser humano contemporâneo vive em um mundo que valoriza mais o crescimento exterior do que o interior. Um mundo que exige resultados, desempenho, produtividade. Um mundo que nos distrai, nos confunde, nos aliena. Por isso é preciso buscar um equilíbrio entre o crescer dentro e o crescer fora. É preciso cultivar a atenção plena, a consciência crítica, a responsabilidade ética. É preciso crescer de forma integral e harmoniosa.

Os obstáculos ao crescimento pessoal são as barreiras internas ou externas que impedem uma pessoa de alcançar seus objetivos e desenvolver seu potencial. Alguns exemplos de obstáculos são o medo, a insegurança, a falta de autoconhecimento, a procrastinação, o perfeccionismo, a baixa autoestima, a resistência à mudança, a dependência emocional, as crenças limitantes etc. Esses obstáculos podem gerar ansiedade, frustração, desmotivação e insatisfação na vida pessoal e profissional.

Para superar os obstáculos ao crescimento pessoal, é preciso ressignificá-los, compreendê-los e realizá-los com coragem, persistência e flexibilidade. Também é importante buscar apoio de pessoas que possam ajudar nesse processo, como familiares, amigos, terapeutas, mentores etc.

O crescimento pessoal é um caminho contínuo de aprendizado, autoconhecimento e transformação que traz benefícios para a saúde física, mental e emocional, além de melhorar a qualidade de vida e as relações interpessoais. Crescer como ser humano significa integrar as duas dimensões do crescimento. Significa desenvolver as potencialidades do corpo e da mente, adquirir saberes e habilidades, construir relações e projetos. Mas também significa aprofundar o autoconhecimento, a autoestima, a autonomia. Trata-se de enfrentar as dificuldades, superar os limites, aprender com as experiências.

4. Oguerojera (desenvolvimento)

A diferença entre crescer e se desdobrar, ou desenvolver, está na expansão de possibilidades a partir de um eixo, de um ponto, de um centro. Uma árvore cresce a partir de seu tronco, mas se desdobra a partir de seus galhos, que potencializam mais e mais frutos. Sem um eixo — o tronco — e a raiz — a origem —, o desenvolvimento é frágil e nocivo, é disperso, não tem a fonte por onde os frutos se expandem.

Na sociedade humana, desenvolver é o processo de criar ou melhorar algo, seja um produto, um serviço, um sistema ou uma habilidade. Desenvolver pode envolver diversas etapas — planejamento, pesquisa, design, implementação, teste e avaliação. Desenvolver também pode ser visto como uma forma de aprendizado contínuo, pois requer adaptação às mudanças e feedbacks. Essa é uma atividade essencial para a inovação e o progresso em diversas áreas do conhecimento e da sociedade.

Um obstáculo ao desenvolvimento pessoal é a falta de autoconhecimento, que é a capacidade de reconhecer as próprias emoções, pensamentos, valores, crenças, motivações, pontos fortes e fracos. Ter autoconhecimento é importante para definir metas, tomar decisões, resolver problemas e se relacionar com os outros.

Quem não se conhece bem pode ter dificuldades para lidar com as próprias emoções, aceitar críticas, aprender com os erros, adaptar-se às mudanças e enfrentar desafios. Além disso, pode ter a autoestima baixa, uma visão distorcida de si mesmo e dos outros, e falta de sentido na vida. Por isso, é essencial buscar o autoconhecimento como uma forma de superar esse obstáculo e promover o desenvolvimento pessoal.

5. Ayub (maturidade)

Amadurecer é um processo que envolve mudanças físicas, emocionais e mentais. Significa tornar-se mais consciente de si mesmo e do mundo ao seu redor, desenvolver habilidades para lidar com os desafios da vida e buscar seus objetivos e sonhos. Amadurecer também significa aprender a respeitar as diferenças, a aceitar as críticas, a assumir as responsabilidades e a colaborar com os outros. Não é algo que acontece de uma hora para outra, mas uma jornada que requer tempo, esforço e paciência.

Um obstáculo à maturidade é a dificuldade de lidar com as emoções de forma saudável e equilibrada. Muitas vezes as pessoas reprimem ou negam seus sentimentos, ou os expressam de maneira agressiva ou impulsiva. Isso pode gerar conflitos, frustrações e sofrimento.

Para alcançar a maturidade emocional, é preciso reconhecer e aceitar as próprias emoções, bem como as dos outros, e aprender a permitir sua fluição de forma construtiva e adaptativa. Isso envolve desenvolver habilidades como a empatia, a comunicação, a resiliência e a autoestima.

6. Tujá (envelhecer)

Envelhecer é um processo natural que afeta todos os seres vivos. Com o passar do tempo, as células do nosso corpo vão perdendo a capacidade de se dividir e se renovar, levando a alterações físicas e funcionais. Algumas dessas alterações são visíveis, como o aparecimento de rugas, cabelos brancos e a perda de elasticidade da pele. Outras são internas, como a diminuição da massa muscular, da densidade óssea e da função imunológica.

Envelhecer também pode trazer mudanças psicológicas e sociais, como a perda de memória, de autoestima e de relacionamentos. O corpo vai perdendo a flexibilidade. O envelhecimento saudável é um processo que envolve a manutenção e a melhoria da saúde física, emocional e mental.

Quanto aos obstáculos ao envelhecimento, o principal deles é sua negação ou recusa. Isso limita muitas das possibilidades, inclusive de gerar a verdadeira longevidade. A exposição a um ambiente poluído acelera o envelhecimento precoce. Quando o corpo não absorve as energias puras das brisas e dos ventos, das águas dos rios, da chuva, dos mares, a luz límpida de um dia de Sol ou de uma noite de Lua e estrelas, ou a força e o poder de uma tempestade, tudo isso repercute na qualidade da casa física que transporta o ser em sua jornada.

7. Juká (morrer)

De modo geral, todos temos questões com o morrer. A morte é um grande tabu civilizatório. Não sabemos morrer, no sentido de que não sabemos, em muitas ocasiões de nossa existência, aceitar ou reconhecer um fim. A dificuldade de se relacionar com a morte física acaba refletindo também como dificuldade de lidar com a morte de projetos, de relacionamentos, de processos, de histórias e de perspectivas.

Do ponto de vista material, a morte é o fim da vida, que acontece quando um organismo deixa de viver. É um processo biológico natural que geralmente ocorre devido à idade, doença ou lesão. A morte é um evento inevitável na vida de todos os seres vivos, incluindo humanos, animais e plantas.

As culturas e religiões têm visões diferentes sobre a morte e o que acontece depois dela. A deusa da morte é excluída do fluxo da vida. E, não sabendo morrer, não sabemos transcender. A compreensão da transcendência foi estilhaçada e dilacerada pelas tradições religiosas; muitas delas a transformaram em moeda psíquica para cultivar fiéis. A morte é um tema que desperta muitos medos e tabus na sociedade.

Muitas pessoas evitam falar sobre ela, pois acreditam que isso pode atrair a má sorte ou a infelicidade. Outras têm dificuldade em lidar com a perda de entes queridos, e sofrem com o luto e a saudade. Além disso, há questões religiosas, culturais e éticas que envolvem a morte, e que podem gerar conflitos ou dúvidas.

No entanto, a morte é uma realidade inescapável, e que faz parte do ciclo da vida. Por isso, é importante enfrentar os medos e os tabus em relação a ela, e buscar uma compreensão mais profunda e serena sobre o seu significado. Conversar sobre a morte com familiares, amigos ou profissionais pode ajudar a superar os receios e as angústias que ela provoca. Também é fundamental respeitar as diferentes crenças e opiniões sobre a morte, e reconhecer que cada pessoa tem o seu próprio modo de lidar com ela. Aceitar perdas é reconhecer o importante papel da morte como uma orientadora de limites.

8. Aguijé (transcender)

A palavra "aguijé", em guarani, significa ao mesmo tempo bênção e transcendência. Na raiz latina, transcender significa ir além de algo ou alguém, superar os limites do comum ou do conhecido. Na filosofia do tekoá, transcender pode se referir a sentimentos, pensamentos, emoções, ações ou qualidades que se elevam acima do vulgar ou do ordinário.

Transcender também pode ser um conceito que indica a capacidade de ultrapassar os limites do conhecimento humano e alcançar uma realidade diferente e superior. Transcender é, ainda, em um sentido mais básico e prático, uma forma de se referenciar e se superar em determinado contexto ou situação.

Um dos obstáculos à compreensão da transcendência é a tendência a reduzir o sagrado ao profano, ou seja, a interpretar o mistério da realidade última a partir de categorias humanas e históricas. Essa atitude pode levar à perda do sentido do transcendente, que é a dimensão que ultrapassa os limites do mundo racional a que tanto a mente cartesiana dá crédito.

A transcendência se manifesta de diversas formas nas diferentes culturas e religiões, mas sempre aponta para uma realidade que não se esgota na imanência, e que a transcende e a ilumina, por isso também é uma bênção.

Um método para equilibrar as polaridades em nossas vidas é reconhecer que elas são parte da nossa natureza e que não podemos negá-las ou reprimi-las. As polaridades são as forças opostas que se complementam e se equilibram, como o yin e o yang, o masculino e o feminino, o positivo e o negativo, o dia e a noite.

Essas forças estão presentes em nós mesmos, nos outros e no mundo, e precisamos aprender a integrá-las e harmonizá-las. Uma forma de fazer isso é observar as nossas emoções, pensamentos e comportamentos e perceber quais são as polaridades que estão em conflito ou desequilíbrio. Por exemplo, se estamos muito racionais e lógicos, podemos estar negligenciando a nossa intuição e criatividade. Se estamos muito focados no trabalho e na produtividade, podemos estar esquecendo do lazer e do descanso. Se estamos muito apegados ao passado ou ao futuro, podemos estar perdendo o contato com o presente.

Para equilibrar essas polaridades, podemos buscar atividades, práticas ou pessoas que nos ajudem a desenvolver e expressar o lado que está mais fraco ou reprimido. Por exemplo, se queremos equilibrar a razão com a intuição, podemos meditar, fazer arte ou ouvir música. Se queremos equilibrar o trabalho com o lazer, podemos reservar um tempo para nos divertir, relaxar ou fazer algo que nos dê prazer. Se queremos equilibrar o passado ou o futuro com o presente, podemos praticar a atenção plena, a gratidão ou o perdão.

Equilibrar as polaridades em nossas vidas é um processo contínuo e dinâmico, que requer autoconhecimento, flexibilidade e abertura. Ao fazer isso, podemos nos sentir mais completos, integrados e felizes.

Existe um método para lidar com os obstáculos da vida que se baseia em quatro passos: reconhecer, aceitar, agir e aprender. Reconhecer significa identificar o problema e suas causas, sem negar ou minimizar a situação. Aceitar significa admitir que o obstáculo existe e que é preciso acolhê-lo, sem se culpar ou se vitimizar. Agir significa buscar soluções possíveis e implementá-las, sem procrastinar ou desistir. Aprender significa extrair lições da experiência, sem repetir os mesmos erros ou se acomodar.

LEITURA COMPLEMENTAR

A carta do Grande Chefe Seattle

Os povos Duwamish, na América do Norte, habitavam a região onde hoje se encontra o estado de Washington, no extremo noroeste dos Estados Unidos, divisa com o Canadá, logo acima dos estados de Montana, Idaho e Oregon. Foi um cacique desse povo, o Chefe Seattle, que fez, por meio de uma carta ao governo americano na época, um dos discursos mais contundentes em defesa do direito a habitar em suas terras tradicionais.

No entanto, pela pressão dos colonizadores, eles migraram pelo Puget Sound para a Reserva Port Madison, onde o Chefe Seattle e sua filha estão enterrados.

O primeiro registro escrito que se conhece foi feito no jornal *Seattle Sunday Star* em 1887 pelo Dr. Henry Smith, que estava presente no pronunciamento. Ele publicou suas próprias anotações com comentários sobre o Grande Chefe, que, segundo ele, era uma pessoa profundamente impressionante e carismática. Nos anos 1970 foram divulgadas várias versões deste discurso em conexão com movimentos ecológicos e a favor da preservação da natureza.

Aos olhos de hoje, sua leitura nos oferece uma profunda reflexão a respeito da atual emergência ecológica. Nela encontramos também as bases que fundamentam o bem-viver.

Discurso feito pelo Chefe Seattle ao presidente Franklin Pierce em 1854 (depois de o governo americano ter dado a entender que desejava adquirir o território de seu povo)

O grande chefe de Washington mandou dizer que desejava comprar a nossa terra. O grande chefe nos assegurou também de sua amizade e benevolência. Isso é gentil de sua parte, pois sabemos que ele não precisa de nossa amizade.

Vamos, porém, pensar em sua oferta, pois sabemos que, se não o fizermos, o homem branco virá com armas e tomará nossa terra.

O grande chefe de Washington pode confiar no que o Chefe Seattle diz com a mesma certeza com que nossos irmãos brancos podem confiar na alteração das estações do ano. Minha palavra é como as estrelas — elas não empalidecem.

Como é possível comprar ou vender o céu, o calor da terra? Tal ideia nos é estranha. Se não somos donos da pureza do ar ou do resplendor da água, como você poderia comprá-los? Cada torrão desta terra é sagrado para meu povo, cada folha reluzente de pinheiro, cada praia arenosa, cada véu de neblina na floresta escura, cada clareira e inseto a zumbir são sagrados nas tradições e na consciência do meu povo. A seiva que circula nas árvores carrega consigo as recordações do homem vermelho.

O homem branco esquece a sua terra natal quando — depois de morto — vai vagar por entre as estrelas. Os nossos mortos nunca esquecem esta formosa terra, pois ela é a mãe do homem vermelho. Somos parte da terra e ela é parte de nós. As flores perfumadas são nossas irmãs; o cervo, o cavalo, a grande águia são nossos irmãos. As cristas rochosas, os sumos da campina, o calor que emana do corpo de um mustangue, e o homem — todos pertencem à mesma família.

Portanto, quando o grande chefe de Washington manda dizer que deseja comprar nossa terra, ele exige muito de nós. O grande chefe manda dizer que irá reservar para nós um lugar em que possamos viver confortavelmente. Ele será nosso pai e nós seremos seus filhos. Portanto, vamos considerar a oferta de comprar nossa terra. Mas não vai ser fácil, porque esta terra é para nós sagrada.

Esta água brilhante que corre nos rios e regatos não é apenas água, mas sim o sangue de nossos ancestrais. Se lhe vendermos a terra, terá de se lembrar que ela é sagrada e de ensinar a seus filhos que é sagrada e que cada reflexo espectral na água límpida dos lagos conta os eventos e as recordações da vida de meu povo. O rumorejar d'água é a voz do pai de meu pai. Os rios são nossos irmãos, eles apagam nossa sede. Os rios transportam nossas canoas e alimentam nossos filhos. Se vendermos nossa terra, você terá de se lembrar e ensinar a seus filhos que os rios são irmãos nossos e seus, e de dispensar aos rios a afabilidade que daria a um irmão.

Sabemos que o homem branco não compreende o nosso modo de viver. Para ele, um lote de terra é igual a outro, porque ele é um forasteiro que chega na calada da noite e tira da terra tudo o que necessita. A terra não é sua irmã, mas sim sua inimiga, e, depois de a conquistar, ele vai embora, abandona os túmulos de seus antepassados e nem se importa. Arrebata a terra das mãos de seus filhos e não se importa. Ficam esquecidos a sepultura de seu pai e o direito de seus filhos à herança. Ele trata sua mãe — a terra — e seu irmão — o céu — como coisas que podem ser compradas, saqueadas, vendidas como ovelha ou miçanga cintilante. Sua voracidade arruinará a terra, abandonando apenas um deserto.

Não sei. Nossos modos diferem dos seus. A vista de suas cidades causa tormento aos olhos do homem vermelho. Mas talvez seja assim por ser o homem vermelho um selvagem que de nada entende.

Não há sequer um lugar calmo nas cidades do homem branco. Não há lugar onde se possa ouvir o desabrochar da folhagem na primavera ou o tinir das asas de um inseto. Mas talvez assim seja por ser eu um selvagem que nada compreende; o barulho parece apenas insultar os ouvidos.

E que vida é essa se um homem não pode ouvir a voz solitária do curiango ou, de noite, a conversa dos sapos em volta de um brejo? Sou um homem vermelho e nada compreendo. Meu povo prefere o suave sussurro do vento a sobrevoar a superfície de uma lagoa e o cheiro do próprio vento, purificado por uma chuva do meio-dia, ou rescendendo a pinheiro.

O ar é precioso para o homem vermelho, porque todas as criaturas respiram em comum — os animais, as árvores, o homem. O homem branco parece não perceber o ar que respira. Como um moribundo em prolongada agonia, ele é insensível ao ar fétido.

Mas, se lhe vendermos nossa terra, você terá de se lembrar que o ar é precioso para nós, que o ar reparte seu espírito com toda a vida que ele sustenta. O vento que deu ao nosso bisavô o seu primeiro sopro de vida também recebe o seu último suspiro. Se vendermos nossa terra, você deverá mantê-la reservada, feita santuário, como um lugar em que o próprio homem branco possa saborear o vento, adoçado com a fragrância das flores campestres.

Assim, pois, vamos considerar sua oferta. Se decidirmos aceitar, farei uma condição: o homem branco deve tratar os animais desta terra como se fossem seus irmãos.

Sou um selvagem e desconheço que possa ser de outro jeito. Tenho visto milhares de bisões apodrecendo na pradaria, abandonados pelo homem branco que os abatia a tiros disparados do trem em movimento. Sou um selvagem e não compreendo como um fumegante cavalo de ferro possa ser mais importante do que o bisão que nós matamos apenas para o sustento de nossa vida.

O que é o homem sem os animais? Se todos os animais acabassem, o homem morreria de uma grande solidão de espírito. Porque tudo quanto acontece com os animais logo acontece com o homem. Tudo está relacionado.

Você deve ensinar a seus filhos que o chão debaixo de seus pés são as cinzas de nossos antepassados; para que tenham respeito ao país, conte a seus filhos que a riqueza da terra são as vidas da parentela nossa. Ensine-os o que temos ensinado aos nossos filhos: que a terra é nossa mãe. Tudo quanto fere a terra... fere os filhos da terra. Se os homens cospem no chão, cospem sobre eles próprios.

De uma coisa sabemos. A terra não pertence ao homem: é o homem que pertence à terra, disso temos certeza. Todas as coisas estão interligadas, como o sangue que une uma família. Tudo está relacionado entre si. Tudo quanto agride a terra agride os filhos da terra. Não foi o homem quem teceu a trama da vida: ele é meramente um fio dela. Tudo o que ele fizer à trama, a si próprio fará.

Os nossos filhos viram seus pais humilhados na derrota. Os nossos guerreiros sucumbem sob o peso da vergonha. E depois da derrota passam o tempo em ócio, envenenando seu corpo com alimentos adocicados e bebidas ardentes. Não tem grande importância onde passaremos os nossos últimos dias — eles não são muitos. Mais algumas horas, mesmos uns invernos, e nenhum dos filhos das grandes tribos que viveram nesta terra ou que têm vagueado em pequenos bandos pelos bosques sobrará para chorar sobre os túmulos de um povo que um dia foi tão poderoso e cheio de confiança como o nosso. Nem o homem branco, cujo Deus com ele passeia e conversa como amigo para amigo, pode ser isento do destino comum.

Poderíamos ser irmãos, apesar de tudo. Vamos ver, de uma coisa sabemos que o homem branco talvez descubra um dia: nosso Deus é o mesmo Deus. Talvez julgue, agora, que pode possuí-lo do mesmo jeito como deseja possuir nossa terra; mas não pode. Ele é Deus da humanidade inteira e é igual sua piedade para com o homem vermelho e o homem branco. Esta terra é querida por ele, e causar dano à terra é cumular de desprezo o seu criador. Os brancos também vão acabar; talvez mais cedo do que todas as outras raças. Continue poluindo a sua cama e há de morrer uma noite, sufocado nos próprios desejos.

Porém, ao perecer, vocês brilharão com fulgor, abrasados, pela força de Deus que os trouxe a este país e, por algum desígnio especial, lhes deu o domínio sobre esta terra e sobre o homem vermelho. Esse destino é para nós um mistério, pois não podemos imaginar como será, quando todos os bisões forem massacrados, os cavalos bravios domados, as brenhas das florestas carregadas de odor de muita gente e a vista das velhas colinas empanada por fios que falam. Onde ficará o emaranhado da mata? Terá acabado. Onde estará a águia? Irá acabar. Restará dar adeus à andorinha e à caça; será o fim da vida e o começo da luta para sobreviver.

Compreenderíamos, talvez, se conhecêssemos com que sonha o homem branco, se soubéssemos quais as esperanças que transmite a seus filhos nas longas noites de inverno, quais as visões do futuro que oferece às suas mentes para que possam formar desejos para o dia de amanhã. Somos, porém, selvagens. Os sonhos do homem branco são para nós ocultos, e, por serem ocultos, temos de escolher nosso próprio caminho. Se consentirmos, será para garantir as reservas que nos prometeu. Lá, talvez, possamos viver os nossos últimos dias conforme desejamos. Depois que o último homem vermelho tiver partido e a sua lembrança não passar da sombra de uma nuvem a pairar acima das pradarias, a alma do meu povo continuará vivendo nestas florestas e praias, porque nós a amamos como ama um recém-nascido o bater do coração de sua mãe.

Se vendermos a nossa terra, ame-a como nós a amávamos. Proteja-a como nós a protegíamos. Nunca esqueça de como era esta terra quando dela tomou posse. E, com toda a sua força, o seu poder e todo o seu coração... conserve-a para seus filhos e ame-a como Deus nos ama a todos. De uma coisa sabemos: o nosso Deus é o mesmo Deus, esta terra é por ele amada. Nem mesmo. o homem branco pode evitar o nosso destino comum.

REFERÊNCIAS BIBLIOGRÁFICAS

CADOGAN, Leon. Ayvu Rapyta: textos míticos de los Mbyá-Guarani del Guairá. *Revista de Antropologia*, v. 1, n. 1, p. 35-42, jun. 1953.

CLASTRES, Pierre. *A fala sagrada*. Tradução Nicia Adan Bonatti. Campinas: Papirus, 1974.

COSTA, Alberto (org.). *O bem-viver*: uma oportunidade para imaginar outros mundos. São Paulo: Elefante, 2019.

CREMA, Roberto. *O poder do encontro*: origem do cuidado. [s.l.] Edições Arapoty/Unipaz, 2017.

CREMA, Roberto; WERÁ, Kaká. *A águia e o colibri*. Trilhas com coração. Carlos Castañeda e ancestralidade tupi-guarani. [s.l.] Edições Arapoty/Unipaz, 2019.

FROTA, Wagner. *Xamanismo nos Andes*: cosmologia, mitos e ritos. São Paulo: Alfabeto, 2017.

JECUPÉ, Kaká Werá. *A Terra dos Mil Povos*. São Paulo: Peirópolis, 1998.
JECUPÉ, Kaká Werá. *O trovão e o vento*. São Paulo: Polar, 2017.
JECUPÉ, Kaká Werá. *Tupã Tenondé*. São Paulo: Peirópolis, 1998.
SCHADEN, Egon. *Aspectos fundamentais da cultura guarani*. São Paulo: Edusp, 1974.

Este livro foi composto na tipografia Fairfield LT Std,
em corpo 11,5/17,7, e impresso em papel off-white
no Sistema Cameron da Divisão Gráfica
da Distribuidora Record.